AF563864

IDÉALISME

&

RÉALITÉ

PAR

Eugène Villard.

PARIS
LIBRAIRIE DE LA REINE
55, RUE NEUVE SAINT AUGUSTIN

—

1840

Paris. Impr. Félix Locquin.

IDÉALISME ET RÉALITÉ.

IMPRIMERIE DE FÉLIX LOCQUIN,
16, rue Notre-Dame des Victoires.

IDÉALISME

ET

RÉALITÉ

PAR

Eugène Villard.

J'avais appri la vie dans les poètes ; elle n est point ainsi ; il y a quelque chose d'aride dans la réalité que l'on s'efforce en vain de changer.

Madame de STAEL, *Corinne*

PARIS

LIBRAIRIE DE LA REINE,

55, rue Neuve-Saint-Augustin.

1840

Ceci est une histoire contemporaine, vraie au fond quoique peu vraisemblable. Elle explique celle de quelques organisations exceptionnelles dont on nie l'existence parce qu'elles sont incomprises. C'est une étude ardente et minutieuse qui pourra servir de miroir à quelques uns, et dans laquelle le plus grand nombre de mes lecteurs, si j'en ai, n'aura trouvé qu'une énigme dont le mot sera toujours un secret pour eux.

C'est en France que je place mes personnages, parce que c'est là seulement que le dénouement de cet ouvrage, dont le sujet n'a rien de local, pouvait le plus naturellement se passer; au milieu de nous qui savons si bien rire de nos douleurs, de nos passions et de nos misères.

I.

Par une fraîche matinée du printemps de l'année 1837, à l'heure où le soleil se lève, de pauvres femmes du peuple venaient se prosterner sur les dalles humides de la petite église de S..., en Languedoc. Toutes y venaient l'ame triste et la paupière mouillée de larmes. Plusieurs d'entre elles tenaient par la main de petits enfants, dont le regard curieux semblait interroger leurs mères sur une douleur qu'ils ne comprenaient pas encore.

Dans le fond d'une étroite chapelle, un cierge brûlait devant l'image de la vierge Marie, cette sublime confidente de nos tristesses aussi bien que de nos joies : au pied de cette image, deux jeunes filles pleuraient : « hélas, disaient-elles, si jeune, si riche et si belle... mourir!... O mon Dieu, mon Dieu! » En cet instant, le son d'une clochette se fit entendre, et un prêtre aux cheveux blancs, précédé de la croix et portant le viatique, traversa l'enceinte : les fidèles le suivirent, tandis que le vieillard murmurait ces paroles éternelles : *miserere mei Deus secundum magnam misericordiam tuam.*

Au sortir de l'Eglise, le cortège se dirigea vers une large avenue qui aboutissait à un château moderne précédé d'une grille en fer. Au même instant, une voiture traînée par deux chevaux rapides apparut à l'extrémité de l'avenue. Elle franchissait la grille au moment où la marche du cortége résonnait sur le pavé de la cour; deux hommes en descendirent, et restèrent le front découvert jusqu'à ce que les murmures de la prière se furent perdus sous les voûtes de l'édifice. L'un d'eux avait la taille élevée, la démarche noble et imposante; tous ses traits étaient beaux et leur expression remarquablement douce. Il portait de légères moustaches, et un ruban rouge était noué à sa boutonnière. Son costume était simple, mais d'une élégance parfaite. L'autre qui paraissait de quelques années plus jeune, avait une mise non moins simple, mais plus négligée; il portait un habit bleu boutonnant haut et une cravate noire sans col; sa taille était moyenne, mais bien prise; son regard décelait une puissance intellectuelle peu commune, et son front que quelques rides commençaient à sillonner, accusait les ravages de la souffrance ou d'une pensée implacable. L'un était le comte Albert de Reillanne, et l'autre Joseph Deroches, peintre français.

— « Mon pauvre Joseph, dit le comte, pendant qu'il abandonnait les chevaux aux mains d'un domestique, vous avez voulu me suivre pour assister à un drame bien douloureux : l'agonie d'une jeune fille...; mon ami, je vous plains.

— « Vous n'êtes pas généreux Albert, répondit le peintre; si vous venez chercher ici des peines de cœur et de la tristesse, pourquoi n'en prendrais-je pas ma part? Ne m'avez-vous pas dit que tout devrit être commun entre nous? et d'ailleurs la jolie comtesse de Reillanne n'est-elle pas votre parente?... »

Le comte lui serra la main, et ils entrèrent dans le château. Un vieux serviteur éploré, les conduisit jusqu'à l'entrée d'un salon splendidement orné; mais dont l'arrangement n'était pas irréprochable. L'aspect général de cette pièce, et quelques traces de poussière, semblaient indiquer l'absence du maître, soit pour un temps, soit pour toujours.

Un homme à demi étendu sur un fauteuil sommeillait lorsqu'ils entrèrent. Son front large était chauve, ses traits avaient un caractère bien prononcé de rudesse et de franchise; mais ils étaient abattus par la fatigue et par une peine secrète qui se trahissait même dans le sommeil. Au bruit que firent les arrivants, cet homme se leva, vint à eux, et s'inclina devant le comte qui lui demanda avec anxiété.

— « Hélas! docteur, votre lettre était donc bien vraie, et il ne vous reste plus d'espoir?...

— « Hier, j'avais encore du courage, répondit son interlocuteur, mais ce matin je n'espère plus. Les forces sont éteintes et la désorganisation s'achève. Le mal s'est retiré d'elle après avoir épuisé la vie. La pauvre enfant ne souffre plus ; elle est calme, mais la crise me paraît inévitable. Il faudrait un miracle pour la sauver, et je ne crois pas aux miracles, moi. » A ces derniers mots, Joseph Deroches fit un mouvement presque imperceptible, mais qui n'échappa point au docteur. Celui-ci se rapprocha du comte et lui dit en baissant la voix :

— « Il y a cinq jours à peine, lorsque je vous vis le soir dans votre habitation de Champclos, alors l'état de votre cousine était grave sans doute, mais il n'était pas désespéré. Toute émotion pouvant aggraver son mal, je vous engageai à retarder, quelque temps encore, votre visite au château. Néanmoins je lui annonçai votre retour. — Ah! tant mieux, dit-elle avec joie, j'espère que je le verrai bientôt! — Et comme vous étiez souffrant au départ, elle m'adressa plusieurs questions sur votre état de santé. Hier, elle me demanda : — Ai-je fait un rêve, docteur? ou m'a-t-on appris qu'Albert était de retour? Pourquoi alors n'est-il pas venu me voir? — Cette nuit encore, elle m'a dit à deux fois : — Mon bon monsieur Remy, écrivez à mon cousin de Reillanne que je l'attends et qu'il ne tarde pas à venir. — C'est alors que je vous ai dépêché un domestique avec quelques lignes tracées de ma main. Depuis le commencement de sa maladie la comtesse recevait chaque jour la visite d'un prêtre, ancien ami de sa famille. Ce matin, elle a réclamé avec instance les secours de la religion. Il ne me restait plus alors qu'à faire prier cet ecclésiastique de se rendre au vœu de la malade. Là se bornait mon ministère; car sur le seuil des croyances religieuses doivent s'arrêter le raisonnement et la science.

Le peintre n'entendit pas ces dernières paroles ; guidé par les voix qui priaient, il était sorti du salon, et, au détour d'un passage, il avait rencontré les fidèles à genoux. Debout derrière la foule, une porte ouverte vis-à-vis de lui laissait apercevoir les dispositions d'un appartement, qui, par leur ensemble riche et gracieux, attiraient d'abord le regard. En face de la porte, sur un lit d'une éclatante blancheur, une jeune fille, plus pâle que ses rideaux de gaze, recevait de la main du prêtre l'hostie consacrée. Malgré son amaigrissement, ses traits avaient un charme profond et ineffable ; le contour en était harmonieux, l'expression douce et résignée. Une partie de ses cheveux, glissant sous la dentelle, retombait en boucles le long de ses joues et en faisait ressortir plus vivement la pâleur. Ses longs cils se soulevaient par intervalles. Alors, elle contemplait une image du Christ qu'on avait placée devant elle, et déjà sa pensée n'était plus dans les choses d'ici-bas, car au frémissement presque imperceptible de ses lèvres, on pouvait voir qu'elle parlait à Dieu.

A cet aspect, Joseph Deroches tressaillit et passa la main sur ses yeux, comme pour en écarter un voile de larmes, puis il les reporta avec une fixité dévorante sur ce front suave que l'ange de la mort semblait toucher de son aile. Etrange préoccupation du génie ! A le voir en ce moment, on eût dit que l'artiste venait de retrouver le type perdu de ces vierges divines qui rayonnent sur les toiles de Raphaël. Sa contemplation devint tellement exclusive que la cérémonie s'acheva, et que le prêtre et les assistants se retirèrent sans que rien ne pût l'en détourner. Lorsqu'on referma la porte entr'ouverte devant lui, alors seulement, il revint aux perceptions de la vie commune.

Le comte et le docteur s'avancèrent en cet instant. « — Monsieur de Reillanne, disait ce dernier, je vais l'avertir de votre présence. »

Lorsqu'il revint, il était visiblement ému. « — Attendons encore, dit-il, la comtesse se trouve mieux depuis un instant; mais sa paupière est appesantie par le sommeil; peut-être prendra-t-elle un peu de repos. La nature fait chez elle un effort suprême dont le résultat sera le néant ou la vie. Maintenant j'ose espérer; mais je tremble aussi que ce ne soit la dernière lueur d'une flamme qui s'éteint. »

« — Monsieur, lui dit Joseph avec une expression surhumaine, vous croirez désormais aux miracles, car votre malade ne mourra pas. »

Puis, sans attendre la réponse du docteur, il se tourna vers son ami, lui dit quelques mots à voix basse, et sur un signe affirmatif de ce dernier, il s'éloigna silencieusement.

Une minute après la voiture du comte roulait dans l'avenue.

« — Quel est ce jeune homme? demanda le docteur ; il me semble l'avoir vu dernièrement dans votre parc de Champclos.

« — C'est un peintre, nommé Joseph Deroches, auquel je dois la vie, répondit le comte ; ame noble et pure, qui, à défaut de malheurs réels, a trouvé dans la pensée une source intarissable d'émotions et de souffrance. C'est une existence qui n'est pas de ce siècle, familière avec de grandes passions, ignorante de tous les vices. Tendresse de cœur, sensibilité, candeur et naïveté de l'enfance, vous trouverez en lui tout cela. Et n'allez pas croire que ce portrait soit fait de faitaisie ou tracé par la reconnaissance : vous souriez, docteur, car Joseph a sauvé mes jours; je l'ai dit, et vous ne l'avez point oublié.

» L'an dernier, j'étais à Rome lorsque le choléra vint y sévir sur les hommes au milieu des ruines du temps. Là, comme chez nous, le fléau fut anarchiste et souleva les masses. Les journaux de l'époque vous ont raconté la mort de cet Anglais qui périt victime de l'exaspération populaire : ce sort eût été le mien sans l'intervention de Joseph Deroches, résidant alors à Rome.

» Je passais vers la fin du jour, dans une rue d'ordinaire peu fréquentée, mais où je rencontrai ce soir-là des groupes à l'aspect sinistre et menaçant. — Quoique seul et sans armes, je marchais avec assurance, car je ne soupçonnais point le péril. Tout à coup j'entends murmurer autour de moi le mot d'empoisonneur. — C'est une femme qui le prononça la première. — Je l'avouerai, docteur, l'aspect de la mort que je trouvais si belle et presque désirable lorsque je l'affrontais dans les combats, me fit en ce moment tressaillir de terreur. Des stylets brillaient dans l'ombre, et des bras furieux s'étendaient vers moi. Eperdu, je me précipitai dans le vestibule entr'ouvert d'un palais : les égorgeurs m'y suivirent en poussant ce cri féroce : *Ammazate-lo, ammazate-lo !* Au fond d'un vestibule, un escalier en marbre s'offrit à ma vue. J'en franchissais la dernière marche, lorsqu'un jeune homme à la figure pâle et maladive, parut sur le seuil d'un appartement et me demanda la cause des vociférations qu'il entendait. « Qui que vous soyez, lui dis-je en langue française, prenez pitié de moi, car je suis sans armes et l'on en veut à mes jours. » — Le front du jeune homme se colora vivement, et une ardeur fébrile anima son regard.

— « Vous êtes mon compatriote! s'écria-t-il avec enthousiasme, et votre vie est en danger!... Oh! venez... venez... Je serai votre hôte aujourd'hui ; et pour vous faire dignement les honneurs de chez moi, je veux que tous ces *bravi* me passent sur le corps avant d'arriver jusqu'à vous. » — En parlant ainsi il s'empara de deux pistolets et se précipita à l'encontre des assassins. — « A moi vous tous, leur criait-il, magnanimes Romains qui dirigez cent poignards à la fois contre une poitrine sans défense... Lâches, infâmes, qui vous vengez de la mort en donnant la mort! Ah! c'est du sang humain qu'il vous faut! eh bien! puisque le ciel demande un cadavre en holocauste, choisissez parmi vous la victime, et le sacrificateur ne se fera pas attendre. Allons, nobles héros, n'êtes-vous pas curieux d'éprouver si mes armes sont bonnes et si ma main ne tremble pas ?

« Docteur, il est un fait digne de remarque : c'est que les populations méridionales de l'Europe, et il faut le dire, même de notre France, qui se montrent si ardentes à faire l'émeute, sont presque toujours incapables de la soutenir. Inexorables à quiconque faiblit devant elles et se trouve désarmé, elles deviennent pusillanimes en face de ceux qui résistent et qui peuvent défendre leurs jours.

» Les paroles et l'air résolu de Joseph ébranlèrent les plus audacieux. Aux cris de mort, succédèrent de sourdes menaces ; puis, les plus avancés se replièrent sur les autres, et la foule s'écoula sans qu'aucun d'entre eux osât soutenir le regard de mon défenseur généreux. Vainement j'avais tenté de le suivre, car j'étais prisonnier dans son appartement : de là j'entendis la porte du vestibule rouler sur ses gonds et se refermer avec fracas. Bientôt après, Joseph reparut.

« Les misérables! dit-il, je les ai menacés, et ils fuient devant un seul homme ! Si je les avais suppliés, c'en était fait de vous et de moi... » Puis, avec une effusion de cœur inexprimable, il prit ma main dans la sienne, et ses yeux se remplirent de larmes. « Mon cher compatriote, ajouta-t-il, je vous dois beaucoup, car j'avais longtemps douté du bonheur, et maintenant j'y crois. Mon Dieu ! murmura-t-il ensuite, dois-je regarder cette journée comme une expiation ?

» Je le considérais avec étonnement, lorsque je sentis froide et glacée sa main qui pressait la mienne. Ses yeux se fermèrent et son visage devint pâle comme celui d'un mourant. Au même instant, une femme âgée, que je n'avais point encore aperçue, sortit d'une pièce voisine, accourut vers moi, et prenant entre ses bras la tête de Joseph, elle m'aida à le porter sur son lit. Contrairement à l'usage de la plupart des femmes, elle ne s'abandonna ni aux pleurs ni aux lamentations, mais elle fit respirer au malade un flacon de sels qui parvinrent à le ranimer; car l'excès de son émotion était la seule cause de cette défaillance.

« A l'entrée de la nuit, des soldats de la milice romaine dispersèrent les rassemblements ; et tout ce quartier redevint silencieux et calme. Je dis adieu à mon libérateur, et je lui promis de le revoir bientôt.

» J'appris qu'il était né en Bourgogne, d'une

ancienne et honorable famille de propriétaires. Jeune encore, il avait perdu ses parents, et s'était adonné presque exclusivement aux arts et à la poésie. Plus tard, il vint à Rome étudier la peinture pour laquelle il avait un goût particulier. J'avais pensé d'abord qu'il y résidait en qualité de pensionnaire de France; mais je ne tardai pas à comprendre que Joseph avait trop d'indépendance et de génie pour avoir mérité cette faveur. Du reste, un pareil titre, en raison de sa fortune, lui devenait au moins inutile; car, à l'aide de son patrimoine seul, à défaut de talent, il aurait pu louer un palais et mener à Rome une vie large et fastueuse.

» Les travaux artistiques et la *Cattiva aria* avaient profondément altéré la constitution de Joseph : la fièvre ne le quittait pas, et son médecin prescrivait le changement de lieu comme seul moyen de guérison. Je me trouvais à la veille de quitter Rome pour visiter le reste de l'Italie; je proposai à Joseph de partir avec moi. Sa position de fortune nous mettait tous deux à l'aise; elle rendait de sa part un refus impossible, et elle m'épargnait à moi l'embarras d'une offre difficile pour celui qui la fait autant qu'humiliante pour celui qui la reçoit. Je le déterminai sans peine, et nous visitâmes ensemble Naples, la Sicile et Venise. Au sortir de Rome, sa santé se raffermit, et, par suite, son imagination devint plus vive et moins assombrie. Pourtant il conservait toujours une vague tristesse dont j'ignorais la cause, soit qu'elle vînt de son caractère ou d'évènements que lui seul connaissait. Au sentiment de la reconnaissance qui m'attachait à lui, se joignit bientôt celui de l'admiration. Poète d'instinct avant tout, il avait une sensibilité si exquise, que toutes les impressions de la vie, même les plus légères, le pénétraient profondément et se reproduisaient dans ses discours avec un grand charme d'originalité. Je me servais de sa pensée comme de ces miroirs magiques qui retracent les objets sous des formes et sous couleurs merveilleuses. Croyance et scepticisme, rêverie et passion, toutes les richesses de son ame se dévoilaient à moi selon les accidents et les rencontres du voyage. Il parlait rarement et toujours avec répugnance des affections du cœur : était-ce l'effet d'un souvenir? Je l'ignore; car je souffrais de le voir souffrir, et je n'aurais pas voulu raviver par des questions indiscrètes une douleur que le temps effaçait. Il jugeait avec son cœur toutes les questions politiques; c'est vous dire qu'il n'admettait en cette matière, ni système ni raisonnement, et qu'il était ennemi né de toute discussion. En fait de religion, il admettait celle du Christ, qu'il professait de bonne foi, et la religion de l'art, pour laquelle son culte tenait de l'idolâtrie. Dans quelle sainte et naïve admiration ne l'ai-je pas vu se recueillir à l'aspect des œuvres qui portaient l'empreinte du génie?... Partout où il rencontrait une création sublime, sa pensée divinisait l'artiste et lui dressait des autels. Il devenait ainsi polythéiste à son insu, et les dieux ne manquaient pas à son culte.

» A mon instante prière, Joseph consentit à revoir la France pour achever d'y rétablir sa santé. — C'est lui-même que vous avez aperçu dernièrement sous les ombrages de Champclos. Je lui avais fait part de l'état de ma cousine; et ce matin, lorsque j'ai reçu votre lettre, il a insisté pour m'accompagner au château. Il me reste maintenant à vous expliquer les motifs de sa brusque disparition : c'est une fantaisie d'artiste trop douloureuse pour être inconvenante, puisqu'elle s'inspire d'un sentiment de deuil et de pitié. Il a vu la cérémonie qui vient de s'achever, il a contemplé la jeunesse aux prises avec la mort, et la pensée lui est venue de peindre l'agonie d'un ange. Voilà pourquoi il est retourné à Champclos chercher tout ce dont il avait besoin pour l'exécution de cette œuvre.

« Docteur, si l'espoir que vous conservez encore n'est pas déçu, j'obtiendrai facilement mon pardon et celui de Joseph. Mais si, au contraire, la pauvre enfant ne doit pas se relever, serais-je donc coupable de vouloir garder, comme un éternel souvenir, l'image d'une femme que ma mère appelait sa fille et que moi j'appelais ma sœur ?...

Si le médecin n'eût consulté que sa franchise ordinaire, il aurait soumis à M. de Reillanne quelques réflexions assez peu flatteuses sur l'étrange caprice de son ami le jeune artiste.

Mais il comprit que l'arrivée du comte le déchargeait d'une grande responsabilité, et qu'en présence du plus proche parent de la malade, il devait se résigner au rôle de spectateur impassible. Poussant la porte avec précaution, il entra suivi d'Albert, dans l'appartement de la comtesse qu'ils trouvèrent endormie. Le comte écarta les rideaux du lit, et se penchant vers elle, il chercha à découvrir un rayon de vie sur ce visage dont la pâleur mate et l'immobilité profonde tenaient plus de la mort que du sommeil. Puis il vint à se rappeler les jours de son adolescence, alors que sa cousine sortait à peine du berceau; et ces souvenirs, maintenant qu'il la retrouvait mourante, firent naître en lui des regrets amers.

Il fut tiré de sa rêverie par le bruit d'une voiture qui s'arrêtait dans la cour du château. L'instant d'après, Joseph Deroches entra comme une ombre dans l'appartement. Il tenait à la main une toile assez vaste et divers instruments de peinture. Sa respiration était précipitée, et quelques gouttes de sueur brillaient sur son front. D'abord il s'assit pour reprendre haleine; puis, s'étant établi dans un jour favorable, il se fixa tout entier à l'objet qu'il allait peindre; et alors, tout ce que son ame enserrait de grâce ineffable et de mortelle tristesse se refléta trait pour trait sur la toile. Insensiblement les lignes éparses du tableau se rencontrèrent, les contours s'arrondirent, l'esquisse prit une forme arrêtée, et ce qui semblait devoir finir par la mort, devenait impérissable par le génie. Puissance divine qui vous communiquez au talent et qui lui concédez l'immortalité, pourquoi faut-il qu'à l'instant où nous sommes le plus rapprochés du ciel, nous sentions plus vivement en nous-mêmes l'aiguillon des douleurs humaines?...

Joseph, dont le regard arrêté sur son modèle étudiait avec amour l'ondulation d'une mèche de cheveux, se détourna tout à coup, et ses lèvres tremblantes articulèrent ces mots :

— Si elle était morte...

Le docteur s'approcha du lit et considéra quelques instants la comtesse. Pas un frémissement ne soulevait les voiles de son sein, pas un souffle ne sortait de sa bouche entr'ouverte. Si ce n'était pas la mort elle-même, c'était bien là du moins son image. Albert et Joseph suivaient avec anxiété tous les mouvements de M. Remy, dont le regard n'avait rien perdu de sa froideur habituelle. Un petit nécessaire en acier poli était sur la cheminée; le docteur en détacha le couvercle, l'approcha des lèvres de la comtesse; puis, se tournant vers Joseph, il le mit sous les yeux de ce dernier. La surface se trouvait humide et légèrement troublée. A cette épreuve décisive, l'artiste respira plus librement et se remit à son ébauche. Lorsqu'elle fut terminée, il se leva, reprit sa toile et dit au comte de Reillanne :

— Je retourne à Champclos : vous y reverrai-je ce soir ?

— Je ne sais, répondit Albert, en montrant de la main sa cousine et en interrogeant du regard le docteur.

— Peut-être.., murmura celui-ci. Ce mot, prononcé avec l'accent du doute et de l'appréhension, fit tressaillir Joseph. Il s'efforça de paraître calme et de cacher son découragement profond; mais il ne put y parvenir : son émotion le dominait tellement que le docteur en fut frappé.

— Monsieur, lui dit-il, l'art est une belle chose sans doute; mais lorsqu'on s'en passionne comme vous le faites, l'on peut en mourir : croyez-moi.

— Merci, docteur, répondit mélancoliquement Joseph; si mon art doit me tuer un jour, je lui pardonne d'avance; et le terme venu, je lui dirai merci comme à vous.

— Pauvre tête pour un homme de génie! murmura son interlocuteur, au moment où le peintre sortait de l'appartement.

Le docteur Remy était de ces hommes froids et positifs comme il s'en rencontre un sur mille. Ennemi de l'imagination et de l'enthousiame, il n'admettait aucune religion par cela seul qu'entre les idées religieuses et les idées positives, il entrevoyait des abîmes immenses que l'on ne peut franchir qu'à l'aide de l'imagination et de l'enthousiasme. Sceptique par utopie, car il aurait voulu que la science régnât exclusivement sur le monde, il plaçait en matière de révélation la vérité dans le doute, et en toutes choses, il ne se rendait qu'à une preuve ou à un fait. Avec une grande fortune sa vie était simple et modeste, l'austérité de ses mœurs incontestable. Ayant émoussé de bonne heure, par des études scientifiques, sa faculté de sentir, il s'était rendu inaccessible aux passions; et pourtant, chose étrange, son ame était susceptible d'attachement, et par une dérogation formelle à son pyrrhonisme universel, il avait la faiblesse de croire à l'amitié. Ceux qui le connaissaient peu, le voyant simple et sans faste, le taxaient de parcimonie. Les pauvres seuls disaient le contraire; car pour eux il était généreux : non pas qu'il s'attendrît sur des misères dont le vice est la cause la plus commune, ou qu'il donnât parce que les religions disent : donnez. Mais il pensait que dans l'ordre naturel des choses, ceux qui n'ont point assez doivent recevoir, pour vivre, le superflu de ceux qui ont trop : de cette manière, il séparait la charité du précepte, et l'aumône de la pitié, ce sentiment qui la rend si douce et si facile à ceux qui la pratiquent. Toujours en garde contre ce qu'il ne connaissait pas, il se défiait par système et des choses et des hommes. Aussi, dès l'abord, Joseph fut-il soumis de sa part à un préliminaire d'observations critiques dont le résultat ne fut pas en tout favorable. A vrai dire, le docteur n'éprouvait pas de l'antipathie pour sa personne; mais ce qu'il venait d'apprendre de ses goûts, de son existence passionnée, et de son passé mystérieux, lui inspirait de l'éloignement pour Joseph, comme s'il eût découvert en lui les germes d'une maladie morale qui pouvait aisément devenir contagieuse, et déjà, il croyait s'apercevoir que le comte n'avait pas échappé à cette influence. Pour la noblesse du cœur et la générosité des sentiments, c'était bien l'homme qu'il avait toujours connu; mais cette exaltation de poète, cet enthousiasme pour des chimères, ce je ne sais quoi de vague dans la pensée, et d'inarrêté dans l'expression; tout cela ne datait que de son voyage en Italie, et sans doute de sa liaison avec Joseph. Le docteur en était convaincu, et il en gémissait comme d'un évènement fâcheux dont les conséquences pouvaient être irréparables.

Le comte accompagna Joseph jusque dans la cour du château, et en se séparant de lui:

— Le docteur a raison, lui dit-il, je vous l'ai répété cent fois... vous vous faites trop de mal, mon ami, il faudra renoncer à ce délire d'artiste, qui use si vite, et qui en échange d'un peu de gloire cause d'amères douleurs, et souvent la mort....

— La mort!.. répondit Joseph, oh! non Albert, je ne mourrai pas de si tôt!.. Ce n'est pas lorsque les organes s'affaiblissent et que les ressorts de la vie sont prêts à se briser que l'on se sent au cœur une si puissante faculté de souffrir. Quant à cette gloire dont vous me parlez, s'il ne fallait que mourir pour l'atteindre, ce serait vraiment une chose trop facile et peu désirable à ce prix : il en est de la gloire comme de ces fruits magiques dont parle la conteuse orientiale Seherazade : La tige et les branches de l'arbre qui les porte sont tellement hérissées de dards et de piquants, qu'on ne parvient à les cueillir qu'avec des mains ensanglantées. Demandez aux grands hommes de ce siècle de vous montrer à nu les déchirures et les plaies de leurs ames : et vous verrez si la gloire n'a pas été pour eux l'arbre enchanté des contes arabes?

En arrivant à Champclos, Joseph s'enferma dans sa chambre pour travailler au portrait de la comtesse de Reillanne. Mais l'inspiration manquait à ses souvenirs : sa touche était indécise, son pinceau mal assuré. A l'enthousiasme qui double les facultés de l'artiste, avait succédé comme par l'effet d'un sortilége, l'abattement qui les neutralise; puis il pensa qu'en ce moment, peut être, d'autres mains étendaient le linceul des morts sur ce même visage qu'il s'appliquait à faire revivre sur la toile. Cette prévision l'attéra. Il lui sembla que l'air manquait à sa poitrine et qu'il allait étouffer. Il se leva, ouvrit une fenêtre, et ses regards plongèrent dans le parc de Champclos qui étendait au loin ses massifs de verdure.

L'air et le ciel étaient en harmonie avec la situation de son ame. Le soleil qui s'était levé brillant, se cachait alors sous des nuages grisâtres que le *marin* ou vent de mer chassait du midi au nord avec une grande vitesse. De rares et larges gouttes de pluie bruissaient en tombant sur le feuillage : il descendit dans le parc, prêtant l'oreille aux innombrables voix de la création qui chantent, gémissent ou soupirent pour raconter à Dieu des douleurs et des joies dont lui seul peut comprendre le mystère. Au sein de ce vaste concert, il n'entendait que le glas de la mort, et la funèbre psalmodie que des ames pieuses récitent autour d'un cercueil. Un moment, quelques gouttes échappées à l'orage, tombèrent sur son front : alors il lui sembla que le ciel pleurait le trépas d'un ange, et que tout était fini... Polythéïsme de croire que le voile du temple doit se déchirer, la terre s'entr'ouvrir, et la nature entière se mettre en deuil, pour d'autres que pour le Christ expirant! Tel est le résultat des choses extrêmes. Si d'une part, la sécheresse d'esprit mène à l'incrédulité, il n'est pas moins vrai d'ailleurs, que l'enthousiasme du cœur fausse les croyances en leur donnant une extension qu'elles ne devraient point avoir. C'était là précisément le défaut de Joseph Deroches qui se créait des idoles par l'admiration, comme d'autres renversent la foi des peuples par le raisonnement.

Vers le soir il sortit, et, après avoir marché longtemps, il se trouva sur le bord de la route qui mène au château de S***. Le bruit des pas d'un cheval lancé au galop le tira subitement de sa rêverie. Il leva les yeux et aperçut Albert de Reillanne qui mettait pied à terre, et lui tendait la main en disant :

— Elle est sauvée, elle m'a vu, elle m'a

parlé, et le docteur répond maintenant de ses jours.

Ce qu'éprouva Joseph, en entendant ces paroles, fut un mouvement de surprise plus encore que de joie. Il écoutait, comprenant à peine, et, malgré les assurances d'Albert, il doutait comme on doute de la réalité, lorsqu'on s'éveille sous l'impression d'un rêve douloureux.

Ils reprirent ensemble le chemin de Champclos, Joseph s'appuyant sur le bras de son ami. Après un assez long silence :

— Je ne sais, dit l'artiste, mais il me semble que notre sort en vaudrait mieux, si nous pensions qu'aux heures extrêmes de la vie, alors que la nature et les hommes nous délaissent en même temps, une main secourable s'abaisse du haut des cieux pour renouer la trame de nos jours à demi brisée. Oh! espérer et croire! voilà tout le secret des temps évangéliques; voilà deux mots qui résument en eux seuls toute la science humaine. Ne pensez-vous pas ainsi que moi, Albert?

— Je pense, répondit le comte, que vous êtes une belle ame. Mais ne dites pas tout cela au docteur.

— Oh! non... dit Joseph. Cet homme ressemble aux portraits de Voltaire.

— Passe pour la ressemblance physique, reprit Albert en souriant. Mais si vous alliez au delà, vous feriez à M. Rémy à la fois beaucoup trop d'honneur et beaucoup trop d'injure. Voltaire qui s'est élevé si haut par l'esprit, est descendu trop bas par le caractère, pour qu'on puisse établir, entre le docteur et lui, aucune espèce de comparaison. Chez le docteur le caractère et l'esprit se trouvent au même niveau, et dans une sphère intermédiaire où le regard se pose, sans craindre de se perdre dans les nues, ou de s'abaisser jusqu'à la fange.

— Dites-moi, poursuivit le peintre en revenant à sa pensée primitive, où faudra-t-il chercher la véritable sagesse? Est-ce dans l'homme qui, ce matin, doutait de Dieu pour ne pas douter de la science? Est-ce en nous deux qui désespérions, faute de croire assez? ou n'est-ce pas plutôt en ces pauvres et ignorantes créatures qui se prosternaient en disant : *Ayez pitié d'elle, ô mon Dieu!..* Et vous le voyez, Albert, le Ciel a été miséricordieux pour elle, et pour vous qui auriez longtemps pleuré sa mort; car vous l'aimez... Vous l'aimez bien, n'est-ce pas?

ajouta-t-il, en attachant sur son ami un regard scrutateur.

— Je l'aime d'un amour purement fraternel, répondit le comte ; je l'aime, parce qu'elle me fait souvenir des plus douces heures de ma vie. Son père était le frère du mien, et nos mères s'appelaient du nom de sœur. Les uns et les autres ils eurent un enfant unique, et pour continuer à ne faire qu'une famille, ils nous enseignèrent de bonne heure les noms qu'ils se disaient entre eux. Je touchais à ma douzième année, lorsque ma cousine vint au monde. Son père qui était le chef de la famille, résidait à S..., domaine patrimonial des Reillanne. Le mien habitait Champclos qui appartenait à ma mère. Mais, à cette distance, nous pouvions nous voir presque chaque jour. Mon oncle retenu chez lui par des infirmités graves qu'il avait contractées au service militaire où il s'était brillamment conduit, me fit venir à S..., et, pour charmer les ennuis de sa longue solitude, il se chargea de faire mon éducation. C'est là que se sont passées les années de mon adolescence, et que j'ai vu naître ma cousine. Combien de fois, le soir, l'ai-je balancée dans son berceau pour l'endormir, tandis que mon oncle, le regard attaché sur son enfant adorée, me faisait le récit des combats auxquels il avait pris une part si glorieuse, hélas! et si funeste! Puis, lorsqu'elle devint plus grande, je m'établis son précepteur, comme son père avait été le mien. Ce fut moi qui lui enseignai à lire et qui guidai sa main dans les premières lignes qu'elle traça. Ce sont là des souvenirs impérissables, mon ami; car les souvenirs d'enfance ressemblent à ces initiales d'amour que l'on grave en incisant l'écorce de certains arbustes, et qui grandissent à mesure que ces arbustes se développent. Il en est ainsi des heures si douces passées autour du foyer avec des êtres chéris qui ne sont plus ; elles se retracent avec un charme toujours croissant dans toutes les époques de la vie quelque variable et accidentée qu'elle puisse être.

» Ces temps de bonheur s'écoulèrent bien vite. Mon oncle mourut de ses blessures, et, peu de mois après, je fus admis en qualité d'élève à l'école militaire de Saumur. J'avais choisi la carrière des armes contre l'avis de mon père et de ma mère : Dieu m'en a puni, car je les quittai pour ne plus les revoir ; l'un et l'autre moururent avant ma sortie de l'école, et sans doute avec le regret que je ne fusse pas auprès d'eux. Il y a en cela une haute moralité. Il faut croire que le ciel a voulu sanctionner, dès ici-bas, le précepte évangélique et les lois immuables de la famille, en faisant que rien ne prospère à l'enfant qui se guide contrairement au vœu et à l'expérience de ceux auxquels il doit le jour.

» A cet âge, tout me paraissait brillant et facile. Mon regard tourné vers l'avenir était ébloui par un vaste mirage, où, comme des apparitions souriantes, se montraient tour-à-tour mes rêves d'ambition réalisés. Insensé de croire que deux épaulettes sont un talisman propre à conjurer tous les maux de la vie ! Je ne vous dirai pas les entraves sans nombre que je rencontrai sur mon chemin : vous les connaissez déjà. Il est vrai de dire, pour me servir d'une expression vulgaire, que j'étais venu dans un mauvais moment.

» Derrière nous, l'Empire dont la chute retentissait encore dans bien des cœurs ; au milieu de nous, des hommes qui ne songeaient point au présent, parce que le présent était vide, et qui se réfugiaient dans le passé, jetant une larme à tous les débris et un mot d'espérance à toutes les gloires. D'autre part, une nuée d'explorateurs à gages, qui s'abattaient sur le colosse étendu par terre, se posaient sur sa large poitrine, examinaient chaque partie de sa structure, et traduisaient ensuite leurs observations en superbes phrases de dédain. Ne semble-t-il pas, en vérité, qu'on assiste au spectacle décrit par le docteur Swift, lorsqu'il nous montre les habitants de Lilliput, grimpant au moyen d'échelles sur le corps de Gulliver endormi? Pardon, Joseph, je sais que vous avez du penchant au royalisme, et sans doute vous ne sympathisez pas avec l'éducation politique que m'a faite un vieux soldat de l'Empire. Toujours est-il vrai que l'époque dont je parle ne peut se qualifier que par son insignifiance extrême. L'empire avait fatigué la gloire; la gloire a profité de sa chute pour faire une longue halte. Après les pages si pleines des quinze premières années de ce siècle, quelques feuillets intacts, en tête desquels on placerait le millésisme, afin de ne pas confondre les dates, suffiraient à l'étude de notre histoire. Juillet vint ensuite, et juillet fut beau, je l'avoue, quoique je ne sois pas démagogue. Mais cette fois, il faut le dire, l'instinct des masses les poussa, chose rare, à une insurrection juste, rationelle, légitime. Sur quoi, certains ont prétendu que les habitants de Paris avaient fait du don Quichotisme politique, par cela seul qu'ils ont été bernés plus tard, à l'imitation du héros de Cervantes. Après juillet, vint de nouveau la guerre civile et ces combats dans la rue, où l'on se tournait Français contre Français; mêlées horribles, au milieu desquelles la main du soldat frissonnait en portant des coups, car la voix du commandant l'exposait aux chances d'un fratricide. C'est sur le sol étranger, et non point en face de nos barricades, que j'ai gagné ma décoration et mon grade. Plus heureux en cela que bien d'autres militaires dont la conduite fut d'ailleurs irréprochable, puisqu'ils étaient sous le coup de la loi martiale qui déclare traître, en pareil cas, quiconque a le courage d'être un lâche.

. . . .

» Mon régiment se trouvait en Afrique lorsque je reçus la nouvelle de la mort de ma tante, la comtesse de Reillanne. Cet évènement, joint au profond ennui que j'éprouvais depuis quelque temps, me fit renoncer au métier des armes. Je demandai mon congé, et je revins en France. Ce ne fut pas sans verser des larmes que je me retrouvai dans l'habitation vide de mon père. Je volai à S..., où je revis ma cousine en deuil et entourée des vieux serviteurs de sa famille. Orphelins tous deux, si l'un de nous venait à mourir, l'autre devait rester seul au monde, sans parents, sans amis, sans lien. Cette pensée redoubla notre attachement en lui donnant quelque chose de plus fraternel. J'ai fait sans elle le voyage d'Italie, parce que les convenances me défendaient de le faire avec elle. Mais à présent ma résolution est prise; je ne dois pas me séparer de la comtesse jusqu'à ce qu'elle ait échangé le nom de Reillanne contre un nom étranger. Notre intimité sera sans péril; car, je vous l'ai dit, la comtesse me regarde comme son frère, et je me suis fait une si douce habitude de ce sentiment, que je me croirais coupable si je venais à l'aimer d'amour. »

Comme le comte achevait sa narration semi-politique, ils entrèrent sous le toit de Champclos. Le lendemain, M. de Reillanne retourna à S..., et Joseph travailla, de souvenir, à son œuvre ébauchée. Quelques jours s'écoulèrent ainsi ; le comte revenant coucher le soir dans son habitation, et le peintre s'occupant sans relâche au portrait dont il pouvait dès à présent trouver le modèle dans son cœur. Le retour d'Albert lui ramenait chaque jour une heure d'angoisse à la fois et de charme. Dès qu'il entendait le pas du cheval, ou le roulement de la voiture du comte, il se levait précipitamment, et le cœur bondissant d'émotion, il courait au devant de son ami. Vainement il cherchait à paraître calme : le trouble de son ame se décelait malgré lui dans l'anxiété de son regard et dans la sollicitude qu'exprimait le son de sa voix. Pauvres ames de poète !... Elles ressemblent à ces instruments éoliens qu'on place sur les lieux élevés et qui résonnent à tous les vents : elles aussi ont des fibres qui s'émeuvent au moindre souffle des passions, et qui communiquent leur ébranlement au corps qui les enveloppe.

Heureusement pour l'artiste, ces instants de crise morale duraient peu ; chaque jour il recevait l'assurance que l'état de la comtesse n'inspirait plus aucune inquiétude, et que le terme de sa guérison n'était pas éloigné. Cette assurance lui donnait tant de bonheur, qu'il oubliait bien vite l'agitation douloureuse qui l'avait précédée. Il ne cherchait pas à se rendre compte de la nature de ce sentiment; mais il en jouissait comme un captif jouit du rayon de soleil qui vient illuminer les ténèbres de sa prison. Parfois ses regards attendris se tournaient vers le ciel, et ses lèvres murmuraient un nom que Dieu seul entendait... Dans ces dispositions, les accidents les plus ordinaires de la vie, des circonstances qui, en raison de leur vulgarité, paraissent aux autres hommes insignifiantes et mêmes puériles, prenaient à ses yeux un caractère singulièrement poétique. Tantôt c'était un nuage perdu dans l'immensité du ciel et que le vent poussait du côté de S..., tantôt c'était un oiseau qui prenait son vol dans la même direction ; d'autres fois, le nom de S..., prononcé par hasard, suffisait pour faire naître en lui des pensées pleines d'enchantement et de mystère.

Un matin qu'il rentrait à Champclos, au retour d'une promenade dans le pays, il aperçut sur le seuil un vieillard dont les vêtements délabrés attestaient l'indigence. Cet homme s'inclina devant lui et demanda timidement la charité. Sa voix avait quelque chose de navrant et de triste qui émut profondément Joseph.

— Vous paraissez bien souffrir , dit-il au mendiant.

— Je souffre bien en effet, mon bon monsieur, répondit celui-ci; mais on a pitié de moi, et on ne me laisse pas mourir de faim.

— Reposez-vous sur ce banc, reprit Joseph; vous avez peut-être fait une longue marche et vous devez être fatigué.

— Je ne viens pourtant que de S..., lui dit le vieillard; mais quand on est dans l'âge et que l'on a des chagrins...

— Et que se passe-t-il au château de S...? interrompit l'artiste.

— Ah! vous ne savez donc pas?... répondit le mendiant, l'on y a bien pleuré pendant quelques jours. La jeune comtesse a été si malade qu'elle semblait près de mourir... Mais elle va beaucoup mieux aujourd'hui... Dieu n'a pas voulu d'elle encore; car, sans elle, que seraient devenus les pauvres de ce pays... Oh! si vous la connaissiez : elle est si *humaine* et si charitable! Pauvre demoiselle!... Je le sais, je le sais bien, moi.

La voix du vieillard tremblait d'attendrissement... Il s'arrêta. Mais l'artiste lui fit signe de continuer.

— Mon bon monsieur, poursuivit-il, j'ai eu bien du malheur; j'avais un fils dont le travail était toute ma richesse; la mort me l'a enlevé; elle n'a pas voulu de moi, vieillard inutile, mais elle s'est attaquée à l'enfant dont la perte est irréparable... Maintenant je suis seul... seul au monde... Pardon, monsieur, j'ai tort de parler ainsi; il y a des ames charitables qui prennent pitié de mon isolement... J'oubliais de vous dire qu'après la mort de mon fils, la comtesse m'a donné asile au château, où j'ai passé tout un hiver à l'abri du froid et de la misère. Il me semble la voir encore m'apportant elle-même ma nourriture; et, comme vous tout à l'heure, me demandant si je souffrais bien... Puis elle m'écoutait, comme vous faites maintenant... Comme vous, elle s'attendrissait lorsque je lui parlais de mon pauvre fils!

Le vieillard ne put continuer, la voix lui manqua, et deux ruisseaux de larmes coulèrent sur ses joues flétries. L'artiste demeura quelques instants muet et immobile; puis il tira de sa bourse une pièce d'or et la jeta dans le chapeau du mendiant. Celui-ci releva la tête; et avec un sourire mélancolique qui perçait à travers ses pleurs : — Hélas! monsieur, je ne suis pas assez riche pour changer cet or.

— Gardez-le, gardez-le, dit Joseph d'une voix étouffée; seulement priez Dieu pour la comtesse de Reillanne et pour un... Il retint sur ses lèvres un mot prêt à lui échapper, et il ajouta : — pour un peintre appelé Joseph Deroches.

En parlant ainsi, il s'éloigna à pas précipités, tandis que le vieillard, muet d'étonnement, le suivait des yeux et le bénissait dans son cœur.

Le soir venu, l'artiste évoqua jour par jour la foule de ses souvenirs; car il cherchait à douter encore. Il se rappela d'abord l'attendrissement extatique où l'avait jeté la vue de la comtesse au lit de mort; il se rappela ses tristesses déchirantes qui l'avaient tant fait souffrir; puis son trouble causé par le récit d'Albert; sa foi d'enfant aux présages, et ses larmes d'espérance, de crainte et de bonheur. C'était bien là de l'amour, il n'en pouvait douter, mais non pas cet amour qui se traduit par un sourire au milieu d'une fête, ou par le don d'une fleur à laquelle on ne songe plus le lendemain du bal ; c'était un amour rêveur et mélancolique, dont les pieds touchaient à peine la terre et dont les regards étaient tournés vers le ciel : ce sentiment, né sur le bord d'une tombe, portait l'empreinte de sa tristesse native, et ne devait finir qu'au lieu de son origine.

Une fois convaincu qu'il aimait, Joseph tomba dans cette espèce d'enivrement fiévreux que procure aux Orientaux l'usage immodéré de l'opium. Mais lorsqu'il voulut calculer les conséquences de sa position, ses yeux se remplirent de larmes, et il s'écria en joignant les mains : — Ayez pitié de moi, mon Dieu ! mon Dieu ! C'était trop de désespoir pour que Joseph en fût à son noviciat d'amour. Sans doute quelque passion fatale avait bouleversé son ame. Il se mit au lit pour essayer de prendre un peu de repos, mais ce fut en vain : les battements de son cœur vers lequel le sang affluait avec violence, éloignèrent le sommeil de ses yeux. La nuit se passa, nuit pleine d'hallucinations bizarres, au milieu desquelles il entrevoyait par intervalles, un fantôme au regard inerte, et dont la robe blanche dégoutait de sang. Alors un frisson parcourait tous ses membres, et il se tordait les bras en poussant des gémissements étouffés.

Quand l'aube parut, il errait déjà dans la campagne, espérant que la fraîcheur du matin calmerait l'agitation de ses sens. Soit que le ciel eût enfin pitié de lui, ou que l'excès même de sa souffrance en accélérât le terme, il reprit assez de courage et de calme pour envisager froidement l'avenir. Une voix intérieure lui criait de fuir. Etait-ce un pressentiment, ou une inspiration d'en haut, ou simplement le caprice d'un esprit obsédé par de chimériques terreurs? Quoi qu'il en soit, il se résolut à dire adieu au comte de Reillanne et à partir sans retard pour la Bourgogne où il possédait des propriétés. Cette décision prise, il ne songea plus qu'à mettre la dernière main au portrait de la comtesse. Ce ne fut pas sans éprouver une peine secrète qu'il apposa le sceau du génie sur cette toile, dont il ne lui resterait bientôt qu'un souvenir : souvenir inappréciable il est vrai, et qu'il gardait au cœur comme une vision d'outre tombe.

Vers le soir, il ne manquait rien au tableau qu'un cadre, et lorsque le comte revint de S... à l'heure accoutumée, Joseph avait déjà fait à moitié ses préparatifs de départ.

— Mon ami, lui dit Albert en l'abordant, nous passons demain la journée à S..., nous y serons seuls avec le docteur Remy : il faut enfin que je vous présente à ma cousine qui vous connaît, et qui vous admire sur ma parole : elle nous pardonne à tous deux, à vous votre audace d'artiste, à moi ma complicité; mais à condition que vous lui montrerez demain le portrait.

— Vous le lui porterez vous-même, Albert, répondit le peintre, moi je ne sais... je me sens mal...

En effet, son visage devint si pâle que le comte s'en effraya.

— Mais qu'avez-vous donc? Comme vous voilà défait, mon ami? Vous avez trop de penchant à la vie contemplative : c'est ce qui vous fait ce mal-là, prenez-y garde; il vous faut vivre un peu comme tout le monde. Au lieu de morceller votre existence et de l'éparpiller jour par jour, vous la résumez en quelques idées fixes et tourmentantes qui vous tuent. En cela vous avez tort. Ce n'est pas aimer ceux qui vous aiment, d'agir ainsi : vous viendrez demain à S..., cela vous distraira : d'ailleurs la comtesse m'en voudrait si vous ne veniez pas. Ce que je vous disais tout à l'heure, c'est elle qui m'a chargé de vous le dire, et je n'ai fait que vous rapporter ses propres paroles... Oh! vous la verrez, mon ami, et vous me direz ensuite si vos souvenirs de France ou d'Italie vous retracent une image de femme plus gracieuse et plus virginale, aussi pleine de noblesse et de simplicité.

Joseph ne répondit pas, tant il régnait de trouble et de confusion dans son esprit : ce que venait de lui dire le comte bouleversait complètement ses idées et le jetait dans la perplexité la plus cruelle. Il n'osait trop avouer à son ami les motifs de sa détermination. D'un autre côté, il ne voyait de sálut que dans un prompt départ, et il sentait bien que la vue de la comtesse lui ôterait non seulement la force mais encore la volonté de s'éloigner d'elle. Un moment il fut tenté de quitter Champclos pendant la nuit et à l'insu de tout le monde, en y laissant à l'adresse du comte, une lettre dans laquelle il lui expliquerait sans détour, les causes de sa brusque disparition. Mais n'était-ce pas agir en coupable que de se dérober ainsi ? et une semblable fuite ne valait-elle pas au moins la qualification de ridicule ? Involontairement il pensait à ces mystérieux héros de roman qui se posent en victimes de la fatalité et qui s'évertuent à agir contrairement aux autres hommes, sans prévoir que la foule les traitera d'insensés parce qu'elle ne les comprendra pas. Or, ce que Joseph redoutait le plus, c'était d'être pris en pitié par ceux qui le jugeraient sans le connaître, et qui accueilleraient ses souffrances morales par un mot d'ironie ou par un sourire de dédain. De toutes les tortures qu'une ame incomprise peut endurer ici-bas, aucune ne lui paraissait ni plus poignante ni plus cruelle.

. . . .

Le soleil du lendemain le surprit dans ces incertitudes. Au même instant on vint lui annoncer que le comte l'attendait pour partir. Obsédé qu'il était par deux tentations contraires, et découragé par ses longs combats, il obéit à cette impulsion étrangère, sans arrière pensée, sans regret et presque machinalement, il s'habilla à la hâte, et descendit se placer dans la voiture à côté du comte. La matinée était sereine, l'air pur et vivifiant : les dispositions d'Albert s'en ressentirent ; pendant la route, sa conversation devint rapide et singulièrement enjouée : quant à Joseph, il venait de trop souffrit pour que la vue des objets extérieurs l'impressionnât avec la même instantanéité. Néanmoins, il paraissait calme et il souriait par intervalles aux aperçus pleins de finesse dont Albert nuançait sa causerie.

En entrant dans la cour de S..., ils remarquèrent que la voiture du docteur Remy n'était pas encore arrivée. Joseph fut bien aise de cette circonstance qui lui permettait de revoir la comtesse sans être exposé aux regards froids et investigateurs de son médecin. Un domestique les annonça, et les introduisit dans un salon que le peintre connaissait depuis sa première visite au château. L'aspect de cette pièce était cette fois bien différent. Chaque meuble, redevenu luisant et poli, occupait une place convenable; les rayons d'un soleil de la fin de mai se jouaient à travers les draperies de soie et de mousseline des fenêtres, et venaient se refléter en nuances diverses sur le parquet étincelant comme une glace. Mille petits détails gracieux et nouveaux donnaient à cet ensemble un air d'animation et de fête. Sur la cheminée deux vases remplis de fleurs encadraient une magnifique pendule dont les oscillations étaient reproduites par une glace véritablement monumentale. Joseph se rappela que, lors de sa première visite, les deux vases étaient dégarnis de fleurs, la glace couverte d'un tissu de gaze, et le balancier de la pendule immobile. Tous les objets de cette demeure semblaient, à cette époque, avoir pris le deuil.

Une jeune femme, assise dans le fond de l'appartement, tenait entre ses mains un livre. La partie supérieure de son corps était illuminée par un rayon de soleil, qui, dans le demi-jour où elle se trouvait placée, la faisait ressortir comme une merveilleuse apparition. A l'approche de Joseph et d'Albert, elle referma son livre, se leva et fit un pas pour aller au-devant d'eux. Sa mise était gracieuse sans recherche, ses cheveux, séparés en bandeau, ornaient simplement son front, et elle portait une robe blanche unie. Cette toilette, si l'on peut dire de cela toilette, s'harmoniait si bien avec l'ensemble de sa personne, qu'il paraissait impossible d'y ajouter aucun détail sans s'exposer à détruire ou à amoindrir l'effet charmant qu'elle produisait. Sa taille, quoique un peu frêle, offrait au regard les plus ravissantes proportions. Sa démarche était majestueuse; seulement son maintien trahissait un léger abattement qu'il fallait attribuer non pas aux habitudes du corps, mais à une souffrance passagère. Son œil bleu était si profondément expressif qu'il semblait laisser à nu les plus furtives émotions de l'ame. Il y avait en elle, dans la pose, dans le geste et dans le son de sa voix, un indescriptible mélange de douceur native et de dignité réfléchie : c'était quelque chose que le regard saisit, que la pensée devine, mais que l'expression ne peut rendre; un je ne sais quoi qui semble être l'apanage presque exclusif des familles nobles et qui constitue, il faut le dire malgré la trivialité du mot, les femmes de *race*.

— Anaïs, dit le comte en s'avançant vers elle, je vous présente Joseph Deroches, mon sauveur et mon ami.

La comtesse de Reillanne (car c'était elle-même) se tourna alors vers le peintre : — Monsieur, lui dit-elle, je suis heureuse de vous voir et de vous exprimer ma reconnaissance personnelle pour le service que mon cousin a reçu de vous. Ce sentiment vous paraîtra bien naturel, si vous songez que les deux familles de Reillanne n'en faisaient qu'une autrefois, et que la mort de mon cousin me laisserait seule au monde, sans parents et sans amis.

En disant ces mots, elle tendait au comte une main dont il s'empara et qu'il pressa contre ses lèvres.

La voix de la comtesse, légèrement voilée par l'émotion et par la timidité, avait quelque chose de doux et de musical qui vibrait harmonieusement au cœur. Cette voix, Joseph l'avait entendue quelque part, tant elle lui rappelait d'ineffables et mystérieux souvenirs. Mais à quelle époque et en quel lieu? A vrai dire, il ne le savait pas. Seulement, il se reportait à ces rêves d'amour et de poésie dont on se berce à vingt ans, alors qu'une image séraphique se pose devant nous dans le silence des nuits, et chante, gémit ou soupire, selon que notre ame a besoin d'inspiration, de tendresse ou de pitié.

Il fit un effort pour s'arracher à l'espèce d'énervation dans laquelle il était plongé.

— Ce que j'ai fait, dit-il, Albert l'eût fait à ma place, et pas une voix amie ne lui eût parlé de reconnaissance, car moi je suis seul..., seul au monde.

— Il est donc bien vrai que vous n'avez plus de parents? reprit affectueusement la jeune fille.

En ce moment un domestique vint annoncer M. Remy. Le docteur entra, salua froidement Joseph, échangea quelques paroles d'amitié avec M. de Reillanne, et gronda la comtesse de rester en cheveux, tandis que la campagne était encore toute humide de rosée.

— Entendez-vous ?... se prit à dire la jeune fille en faisant signe de la main.

Non loin de là, dans le jardin du château, un rossignol préludait à son chœur d'amour, et jetait au vent sa note pure et vibrante.

— Je comprends, répondit le docteur; ce brillant musicien vous rassure; vous le regardez comme le précurseur des beaux jours. Mais il n'est point infaillible, et M. Deroches vous dira que l'Italie est pleine de rossignols qui se sont enrhumés en France.

Le front de la jeune fille s'assombrit, et sa pensée dut se reporter involontairement aux jours qui venaient de s'écouler, car elle se pencha vers Joseph, et lui demanda s'il avait mis la dernière main au portrait. Albert sonna, dit quelques mots à un domestique, et bientôt l'œuvre du peintre fut apportée dans le salon et placée devant la comtesse.

Au premier regard qu'elle jeta sur la toile, mademoiselle de Reillanne fut pénétrée d'un indicible saisissement. En contemplant cette page si triste du livre de sa vie, elle croyait toucher encore à son heure suprême, et se prenait elle-même en pitié. Enfin, après un long silence :

— Mon Dieu! s'écria-t-elle, j'ai donc été bien près de mourir; et pourtant, M. Deroches, vous m'avez fait belle, bien plus belle que je ne suis en réalité. Ah! prenez-y garde, il y a dans ce portrait du mensonge ou de la flatterie.

Et de fait, cette peinture se rapprochait tellement des conceptions idéales, qu'il semblait que l'imagination seule en avait fait tous les frais. Néanmoins, quand le regard s'en détachait pour se tourner vers la comtesse, on n'y voyait plus alors qu'une copie, tant la ressemblance était naïve et frappante. Mais là c'était l'ombre, et ici le corps : d'une part, le dernier souffle d'une vie qui va s'éteindre, et de l'autre, le premier éclat d'une fleur qui s'épanouit avec tous ses parfums. Joseph, poursuivant la destinée humaine jusqu'à son dernier asile, s'était penché sur les abîmes d'un autre monde, pour lui demander compte de ses secrets, soit éternel bonheur, soit éternelle souffrance. Or, comme la foi était la condition la plus essentielle de son génie, il avait mis l'espérance là où d'autres auraient laissé planer la destruction et le néant. Il avait laissé mortes toutes les autres parties, pour concentrer ce qui restait de vie dans le front et sous les longues paupières baissées. Tout le tableau était là : amour et ferveur, confiance et résignation, rien n'y manquait. On eût dit que l'artiste soucieux du sort de cette ame, avait résolu de la suivre jusqu'aux pieds de son Juge, en l'entourant, ainsi que d'un bouclier, de toutes les vertus que le Christ a divinisées sur la terre.

La comtesse comprit la pensée du peintre, car son regard mouillé de larmes s'abaissa vers lui comme pour dire : — Merci à vous qui croyez au bonheur par delà ce monde ! Merci à vous, qui n'avez pas désespéré de Dieu pour moi, et qui m'avez vu triomphante au sein même de la mort!

Le regard de Joseph se perdit avec ravissement dans celui de la comtesse. Il se sentait en ce moment une telle prédisposition au bonheur, qu'il s'isolait des objets extérieurs pour mieux savourer cette heure bénie qu'il devait à la pitié du Ciel. Dans cette situation, il ne formait qu'un seul désir; c'était qu'il lui fût permis de recueillir de ses lèvres ardentes une larme suspendue aux cils de la jeune fille, et puis de mourir à ses genoux. Dans sa pensée, un pareil trépas valait une longue vie.

Albert étudiait en connaisseur les moindres parties du tableau, tandis que M. Rémy qui n'avait pu dès l'abord contenir une exclamation d'enthousiasme, se mettait en garde contre cette spontanéité d'admiration, et reprenait son air de froideur et de sévérité habituelles. Néanmoins il se trouvait mal à l'aise, et comme dépaysé au milieu de ces émotions tristes et brûlantes qui dominaient les personnages de cette histoire. Il en éprouvait une véritable contrariété, parce que, d'une part, elles lui semblaient ridicules, et, de l'autre, dangereuses pour la jeune comtesse. Ce fut pour y mettre un terme, qu'il engagea une discussion artistique, en avançant que ce portrait fort remarquable du reste, était plutôt une fantaisie qu'une imitation de la nature réelle. Joseph ne répondit pas à cette critique qu'il avait à peine entendue ; mais le comte prit la parole, et s'adressant à M. Rémy :

— Si la peinture se réduisait, dit-il, à l'imitation froide et correcte des objets, elle se classerait fort bien entre l'art du mouleur et celui du fabricant de poterie. Avec de l'étude, de bons yeux, et une main solide (c'est le mot), nous pourrions, vous et moi, faire tout aussi bien et non pas mieux que l'Albane ou que Raphaël. Par suite de ce système, toutes les toiles non signées deviendraient anonymes. Nul ne pourrait dire, au premier aspect, cette page est de celui-ci, et cette autre page est de celui-là ; car le génie, consistant à savoir imiter, tout le monde finirait par se ressembler. Or, la peinture, ainsi que la poésie, n'ont-elles mission de représenter que les objets extérieurs? Les œuvres d'un artiste ne doivent-elles pas encore avoir un reflet de son ame? Et cela posé, l'originalité et l'individualité dans les arts ne sont-elles pas une conséquence nécessaire de la différence des organisations? Docteur, prenons trois peintres au hasard, soit Hobbêma, Ruysdaëls et Rembrandt; plaçons-les, le pinceau en main, devant un point de vue, il est présumable que le rayon visuel de chacun d'eux sera affecté d'une égale manière. Maintenant si, de la sensation, nous passons à l'impression, sans nul doute, elle sera dissemblable, et en rapport avec leur sensibilité, leurs passions et leurs habitudes intellectuelles et morales. Qu'on me montre ensuite, parmi la triple reproduction de ce point de vue, un tableau dantesque, une peinture morne et désolée, où tout pleure, gémit et se désespère, où des herbes sauvages jaunissent sur des tombeaux, une peinture telle que la ferait l'archange déchu, s'il travaillait pour l'exposition, je dirai alors, moi, sans hésiter, que ce paysage est de Rembrandt, et le nom de Ruysdaëls, ou celui d'Hobbêma, fût-il au bas du tableau, je soutiendrai que ce n'est l'œuvre ni d'Hobbêma ni de Ruysdaëls. Or cela, n'est-il rien qu'un homme puisse dire : ce que trace mon pinceau, c'est mon nom ; ces lignes, ce contour, ce front, ce regard ; tout cela, c'est moi : c'est le portrait de mon ame... ; et nul plagiaire ne pourra me prendre ce bien..., parce que Dieu a donné à chacun sa part de génie différente de la mienne, en faisant qu'il ne se rencontre pas sous le ciel deux hommes dont l'esprit, aussi bien que le visage, ne diffère en quelques points ?

Nous avouerons notre ignorance en matière de peinture, et nous ne chercherons pas à démêler ce que la théorie du comte peut avoir de paradoxal ou de vraisemblable. M. Remy à qui la discussion était familière, entamait une réfutation en forme lorsqu'on annonça le déjeûner.

Joseph se trouva placé à table, à côté de la comtesse. Par intervalles il sentait contre son genou le frôlement de la robe d'Anaïs, et à chaque mouvement de la jeune fille, les plis de la mousseline venaient effleurer son bras. Ce contact lui faisait éprouver un frissonnement nerveux qu'augmentait le son de voix de la comtesse et le parfum presque insensible qu'exhalaient ses vêtements et ses cheveux. Une pareille situation longtemps prolongée aurait pu devenir insupportable, si Joseph n'en avait été distrait par les questions que lui adressait madmoiselle de Reillanne, sur sa famille, sur son art et sur l'Italie.

La comtesse s'exprimait avec beaucoup de charmes. Son accent était parfait. C'était l'accent des femmes de la haute société parisienne. La surprise de Joseph égalait presque son enchantement, car il ne savait pas qu'Anaïs avait été élevée dans un pensionnat du nord de la France, auprès d'une parente de sa mère. C'était une perfection de plus qu'il découvrait en elle, et que jusqu'à ce jour il n'avait point soupçonnée. Il n'est pas rare de rencontrer dans nos provinces méridionales, des femmes belles et jolies, spirituelles et gracieuses, parfois mêmes savantes, dont l'accent et le langage produisent sur un auditeur qui n'est pas leur compatriote, l'effet le plus malheureux. Ici, ce sont les inflexions lourdes et trainantes des Languedociennes : là, c'est le grasseyement ridicule et flûté des Provençales : et partout, des locutions demi-patoises qui pour être fort expressives ne sont rien moins que grammaticales. Le voyageur affligé de ce disparate est tenté de croire que l'Espagne commence à vingt lieues au dessous de Lyon.

Joseph s'attendait à rencontrer dans Anaïs quelques imperfections de ce genre, il le désirait même, car il s'effrayait de cet ensemble merveilleux, comme si de leur nature les choses parfaites ne pouvaient vivre longtemps ici bas. En présence d'une création si harmonieuse et si pure, il pensait à ces fleurs exotiques dont on abrège la durée, en les arrachant au sol qui les a vues naître, et en les transportant sous un ciel étranger. Au reste, à quoi lui eût servi de découvrir une tache sur ce lys de beauté? le sentiment du blâme ou de la critique est-il compatible avec l'enivrement d'une passion naissante? et ne sait-on pas que l'amour, cet étrange logicien, a le pouvoir d'altérer l'essence des choses, en faisant chérir les défauts non moins que les qualités de la personne aimée?..

Après le déjeûner on descendit dans le jardin qui, entourant le bâtiment d'un demi-ceintre de verdure, avait son entrée principale sur une des faces latérales de la grande cour : Mais pour l'agrément du maître, l'architecte avait ménagé sur le derrière de l'habitation, une entrée particulière, au moyen d'un escalier et d'une porte vitrée qui communiquaient avec la bibliothèque. La nature semblait avoir prévu la destination de ce site, car elle avait fait de charmantes choses pour l'embellir, ne laissant à l'art que le soin d'en profiter. Le sol, à partir du château, suivait une pente assez rapide pour laisser appercevoir de tous les points de l'édifice, les lointains les plus riches et les plus variés. Cet espace était protégé par une ceinture de hautes murailles que le temps avait tapissé de plantes grimpantes et de clématites toujours vertes, de manière à produire à l'œil, le simulacre d'un rempart naturel, ouvrage d'une végétation à souhait : il était coupé par une allée large et droite, dont le milieu formait un rond-point garni d'orangers séculaires. De distance en distance, le regard rencontrait des massifs de verdure et des bouquets d'arbres appartenant à tous les sols et à tous les climats, qui mêlaient ensemble leurs parfums avec leurs ombrages. C'étaient des citronniers en plein vent, des grenadiers, des tilleuls, des acacias à la fleur jaune et blanche, et des peupliers de la Caroline à la tige élancée. Un ravin étroit, mais profond, recevait une eau limpide et murmurante, qui après avoir traversé le jardin, formait une écluse et alimentait un moulin dépendant de la propriété. Le lit de ce ravin était recouvert de graminées et de plantes rampantes si épaisses, que l'oreille entendait le bruit des eaux, sans que l'œil pût en suivre les cours. D'espaces en espaces, quelques troncs d'arbres tombés de vieillesse, ou abattus par le vent, avaient été jetés sur le ravin pour servir de passage de l'un à l'autre bord. Nous nous rappelons y avoir remarqué postérieurement à cette période de notre histoire, un mûrier gigantesque, à demi séparé de ses racines, qui, par suite de l'affaissement du sol, s'était penché de lui-même sur les eaux, et formait un pont naturel recouvert de mousses et d'ombrages. Un chardonneret avait établi sa nichée parmi les branches de cet arbre, un peu au dessus d'une crevasse vermoulue qui servait de retraite à une famille de lézards : périlleux rapprochement! imprudent voisinage qui nous fit trembler pour les petits de l'oiseau! Nous espérons que Dieu aura protégé leur nid de duvet et de mousse.

A l'extrémité de la grande allée s'élevait un pavillon en forme d'hémicycle, dont l'architecture légère s'harmoniait très bien avec le ciel bleu et les horizons transparents comme une mer. Une terrasse, couronnée de lauriers-rose et d'autres arbustes en fleurs, surmontait ce pavillon, d'où la vue embrassait de toutes parts une délicieuse perspective. Ce lieu servait de retraite à mademoiselle de Reillanne pendant toute la belle saison. Elle y passait des journées entières qui lui paraissaient bien courtes entre ses fleurs, quelques cahiers de dessin et sa harpe. A cet âge de la vie, une ame vierge et retirée du monde se crée du bonheur à si peu de frais!

Aussi, ce fut avec la joie d'un banni rappelé

sous le ciel natal, que la comtesse se retrouva, pour la première fois depuis sa maladie, dans ces lieux qu'elle aimait tant et qu'elle avait craint de ne plus revoir jamais. Elle marchait appuyée sur le bras de son cousin et protégée par une ombrelle légère contre les rayons du soleil. La noblesse de sa démarche et la souplesse élégante de sa taille, apparaissaient mieux alors aux regards de Joseph qui venait ensuite, accompagné du docteur Remy. Un moment elle se baissa pour regarder quelques plantes; le comte alors se tourna vers ce dernier et lui dit en souriant:

« Eh bien! docteur, croirez-vous désormais aux miracles? » Puis, sans attendre le résultat de cette question, il revint auprès d'Anaïs. Le docteur, conservant toute sa gravité, attacha sur Joseph un regard interrogatif.

— Je ne sais que penser de cela, dit-il; est-ce une demande par procuration que m'adresse M. le comte? et seriez-vous chargé de recevoir la réponse?...

En parlant ainsi au peintre, dont il avait pris amicalement le bras, il ajouta d'un ton plein de franchise :

« Mon cher monsieur, je crois à la faillibilité de la science, et surtout à l'insuffisance de mes lumières. Quant aux miracles, vous comprenez fort bien que je ne puis ni ne dois point y croire.

» Que l'on admette pour un instant l'intervention d'une puissance occulte dans les choses de ce monde; que cette puissance s'appelle Dieu, Providence, ou Destinée, il est certain que cette hypothèse mène droit à la religion passive du fatalisme, ce triste héritage venu des temps antiques et recueilli de nos jours par l'indolence des peuples orientaux. Par suite de la même hypothèse, l'on est forcé de convenir que la science n'a pas fait un pas depuis Hippocrate jusqu'à Broussais. Prenons des faits : un homme se meurt abandonné par la faculté ; un médecin plus audacieux se présente, voit *in petto* le cas inguérissable ; néanmoins, il visite le malade et le traite *ad honores*. Une fantaisie de l'Etre suprême, fantaisie préexistante à la création générale des mondes, sauve le mourant et fait, pour l'édification des ames pieuses, une contre partie au miracle de Lazare. Des cas analogues peuvent se reproduire chaque jour. Où trouverez-vous alors un panthéon assez vaste pour contenir vos grands hommes ? Y aura-t-il assez de bronze pour leur élever à tous des statues ? Il est vrai que le plâtre n'est pas rare et qu'il serait ici d'un emploi fort rationnel ; car supposons qu'atteint d'une indisposition légère, vous vous adressiez au médecin qui fait de si beaux miracles. Celui-ci ne manquera pas de vous rassurer, disant qu'on ne meurt pas, qu'il est impossible de mourir pour si peu. Or, le destin vous a marqué d'avance, et vous succombez tout à coup à la maladie la plus bénigne du monde. Qu'arrivera-t-il cette fois à votre docteur? On ne lapide plus aujourd'hui, mais le peuple brisera sa statue. Voilà pourquoi je préfère le plâtre, comme moyen d'économie.

Ainsi, vous le voyez, cette théorie des miracles devient inadmissible; qui de nous voudrait soutenir la concurrence d'un Dieu? Pour mon compte, si j'y croyais, je ferais d'abord rayer mon nom du rôle des patentes : puis avec le capital de cette réduction, je meublerais à la manière des Turcs mon cabinet de consultation, et le corps à demi penché sur de moelleux coussins, je jetterais à tous mes clients cette parole sacramentelle : « Allez, et que Dieu vous guérisse. »

La manière du docteur, quelque bizarre et peu sérieuse qu'elle fût en apparence, exprimait une grande ardeur de prosélytisme : Joseph le voyait assez ; mais un esprit comme le sien ne pouvait se complaire à ces velléités voltairiennes et à ce philosophisme chicanier. Il éprouvait, en écoutant M. Remy, cette espèce de malaise que font éprouver à un homme bien né des allusions équivoques ou des termes de bas lieu ; aussi ne chercha-t-il pas à faire valoir la moindre objection, tant il lui fallait d'efforts sur lui-même pour descendre à cet ordre de pensées. Anaïs était là devant lui. Il reporta ses regards sur elle, comme pour retremper son ame dans la contemplation de cette jeune fille, sachant bien que l'amour est d'essence divine, et qu'il forme le premier anneau de la chaîne mystique, au moyen de laquelle, l'homme et Dieu communiquent ensemble.

La partie basse du pavillon formait une serre destinée à recevoir des fleurs et des plantes rares. Plusieurs d'entre elles, oubliées en plein air, avaient beaucoup souffert de la rosée et de la fraîcheur des nuits. La comtesse s'en attrista, car elle tenait à ses fleurs comme à des amis que l'on voit chaque jour, et elle n'avait pas au monde d'autres compagnes. La vie des champs est ainsi faite, ennuyeuse et vide pour les uns, elle garde pour les autres une source intarissable de délices et d'émotions intimes; l'on s'y accoutume à chérir autant que des êtres animés, la plupart des objets qui nous entourent. Un horizon ou une échappée de vue, un sentier perdu dans les bois, nous prennent une partie de notre cœur, et nous reproduisent en aspects de tristesse ou de joie tout ce que notre ame éprouve de ravissements ou de mélancolie.

M. Remy quitta S... avant le coucher du soleil. Il avait deux lieues à faire pour se rendre chez lui, et il lui restait encore, disait-il, quelques malades à visiter dans la soirée. Après le départ du docteur, Joseph donnant l'essor à son enthousiasme, se récria sur la beauté du site et de l'habitation.

« Cela est fort heureux, lui dit à voix basse M. de Reillanne, car nous sommes tous deux prisonniers sur ma parole : je me suis fait garant pour vous. Anaïs, sachant que je fais reconstruire une partie de Champclos, a voulu nous préserver du contact des maçons et des manœuvres, elle nous offre un asile pendant la belle saison. Ai-je fait mal d'accepter, dites ? et pensez-vous qu'un geolier tel que ma cousine nous fasse regretter notre indépendance. »

Puis se tournant vers Anaïs : « Ma sœur, lui dit-il, Joseph vient de ratifier notre traité : ma garantie cesse dès à présent. »

Or, le peintre n'avait encore répondu ni par oui, ni par non. Mademoiselle de Reillanne intervint alors, et dit à Joseph : « Si vous n'avez pas trop de regret à vivre loin de Rome et de l'Italie, nulle part en France, vous ne trouverez un ciel plus pur, ni un climat plus doux : vous chercheriez vainement ici des chefs-d'œuvre et des palais ; mais vous trouverez un toit sûr, des campagnes paisibles ; vous y serez libre de tous vos pas et de tous vos instants, et si la nature a quelque influence sur le bonheur, vous ne sauriez manquer d'être heureux à S...

— Bien; très-bien! mon enfant, s'écria le comte, c'est du Théocrite tout pur : vous le voyez, Deroches, les paroles de ma cousine confirment elles-mêmes la vérité de son assertion.

L'artiste balbutia quelques mots de remercîment; mais son regard bien plus que sa voix parlait à la jeune fille.

Quand vint le soir, comme ils devaient passer encore cette nuit à Champclos, ils prirent congé d'Anaïs et s'éloignèrent. Debout sur le perron du château, la comtesse suivit la voiture des yeux jusqu'à ce qu'elle se fût perdue dans l'ombre du crépuscule. Alors elle sentit un grand vide se former dans son cœur, et il lui sembla que tous les objets autour d'elle prenaient part à son isolement. Plus d'une fois depuis la mort de sa mère, elle avait éprouvé, le soir, de ces vagues tristesses, que dans le midi de la France on nomme *languitude.* Dans l'innocence de son ame, la pauvre enfant n'assignait pas de cause au sentiment qui l'oppressait : elle rentra dans son appartement, et un coup d'œil jeté sur une glace lui révéla ce qu'elle ignorait encore. Son front brillait d'un éclat humide, et une agitation fièvreuse soulevait les voiles de son sein... éperdue et rougissant de se voir rougir, elle couvrit son visage de ses mains brûlantes.

Anaïs était un ange. Elle touchait à sa vingtième année, et jamais un doute sur la puissance ou sur la bonté divine n'avait effleuré son ame, vierge encore d'affections mondaines. Sa mère l'avait accoutumée d'enfance à rapporter ses joies comme ses douleurs, à l'être invisible qui mène tout ici bas. Pauvres mères! elles se croient responsables du bonheur de leurs enfants, même par delà ce monde : dans la prière, c'est de leurs enfants qu'elles parlent à Dieu, et c'est pour eux qu'elles s'épuisent à pleurer leurs dernières larmes. Ah! aimons bien nos mères, tous, car chacune d'elles donnerait pour son enfant la part qui lui revient du ciel!

La comtesse prit sur la cheminée une *Imitation de Jésus-Christ* qu'elle tenait d'Albert. Elle ouvrit le livre et ses yeux tombèrent sur ce passage :

« Comportez-vous sur la terre comme un voyageur et un étranger qui n'a point intérêt aux affaires du monde. Conservez votre cœur libre et élevez-le vers Dieu, parce que vous n'avez point ici bas de demeure stable. C'est au ciel qu'il faut tous les jours adresser vos prières, vos gémissements et vos larmes, afin qu'après cette vie votre esprit puisse passer heureusement au Seigneur. »

Ces paroles, qui semblaient être l'expression de la volonté de Dieu sur elle, ne dissipèrent point le trouble d'Anaïs. Elle craignit un moment d'avoir offensé le ciel; et, dans la simplicité de son cœur, elle s'agenouilla pour lui faire l'aveu d'une faute imaginaire. Devant ses yeux était le crucifix que, peu de jours auparavant, elle avait tenu dans ses mains défaillantes. Maintenant, comme alors, les traits de l'homme-Dieu gardaient une expression sublime mais triste, et la couronne d'épines pesait encore sur son front sacré. Cette continuité dans le sacrifice et cette immobilité dans la douleur, révélèrent à la comtesse un des plus hauts enseignements du christianisme; c'est que notre existence est une page vide du livre de l'éternité, où nous devons nous recueillir dans l'amertume de la souffrance, en attendant que la mort nous dise de tourner le feuillet.

Anaïs ne cessa de prier que lorsqu'elle sentit le calme renaître dans son cœur. Alors elle se releva ; mais cette fois son visage était pâle, et son sein reposait immobile comme la vague après une tempête. Pauvre jeune fille! seule et perdue dans les sentiers de la vie, elle eut regret en ce moment que le ciel n'eût pas abrégé son temps d'épreuves, en la rappelant auprès de sa mère. Dieu et sa mère, tels étaient les noms qu'elle prononçait lorsque le sommeil lui ferma les yeux. Durant cette nuit, elle rêva que son ame ayant abandonné la terre, avait été admise au festin des anges.

II.

Deux mois s'étaient écoulés depuis cette époque; on touchait aux jours caniculaires. C'était un soir que les rayons du soleil couchant se brisaient à flots d'or sur le pavillon construit à l'extrémité du jardin du château de S... Dans une des pièces formant l'intérieur de ce pavillon, un jeune homme était assis dans une attitude méditative et les regards fixés sur un petit cadre qu'il tenait entre ses mains. Ce lieu semblait avoir reçu, depuis quelque temps, une destination purement artistique : des livres, des tableaux; plus loin une harpe; sur une table des albums et des cahiers, puis des chevalets supportant plusieurs esquisses, composaient, avec quelques fauteuils, tout l'ameublement de cette retraite.

Le portrait que ce jeune homme avait sous les yeux, représentait une femme de la première jeunesse et de la plus grande beauté. Dans la partie inférieure du cadre, tout près de la bordure, on pouvait lire le nom de *Lucia Baldini*. Cette contemplation, pour être fort exclusive, n'était pas néanmoins exempte de trouble; le visage de celui qui s'y livrait reproduisait, ainsi qu'une glace, toutes les émotions de son ame. A la pâleur qui semblait lui être habituelle, succédait par intervalles une rougeur maladive. Tantôt ses lèvres laissaient échapper des paroles sans suite et pleines de mystère ; tantôt il se recueillait mélancoliquement ; puis tout à coup il détournait la tête, et reposant son front sur ses deux mains, il éclatait en sanglots. Au milieu d'un de ces paroxysmes d'agitation, ses doigts ayant pressé le cadre avec trop de violence, le verre se brisa et les fragments pénétrèrent assez profondément dans sa main. A la vue du sang qui coulait sur cette peinture, le jeune homme poussa un cri d'horreur. Il se leva, entr'ouvrit une fenêtre et jeta le portrait au fond du courant que formait en cet endroit la source du jardin.

A peine venait-il de cacher sa blessure sous les plis d'un mouchoir, qu'un bruit de pas se fit entendre au dehors sur l'escalier du pavillon ; presque aussitôt on heurta légèrement à la porte, et une ravissante jeune femme s'avança dans l'appartement.

— M. Deroches, dit-elle, ne suis-je pas indiscrète et mal venue de troubler ainsi votre solitude ?

Les sons de cette voix dont la mélodie était inexprimable, firent tressaillir Joseph ; il se retourna, et la jeune femme tressaillit à son tour en voyant la pâleur qui couvrait le front de l'artiste. Ses regards s'étant baissés vers la terre, elle aperçut des gouttes de sang répandues sur le parquet.

— Mon Dieu !... s'écria-t-elle avec anxiété, c'est du sang que je vois là... Et cette pâleur... Que vous est-il donc arrivé ?...

Joseph essaya de sourire, et, pour toute réponse, il montra sa main enveloppée d'un mouchoir à demi sanglant.

— Le malheureux!... dit-elle d'une voix déchirante. Vous êtes blessé!... Mon Dieu!... mon Dieu!...

En disant ces mots, elle se pencha vers lui, déroula d'une main frissonnante le mouchoir qui couvrait la blessure, et arrachant un tissu de soie noué autour de son cou, elle en fit une compresse qu'elle appliqua sur la plaie.

— Vous souffrez, vous souffrez bien, n'est-ce pas? lui demanda-t-elle.

— Oh! non, je ne souffre plus maintenant, répondit-il, en donnant à son regard une expression que la jeune femme ne put soutenir. S'il avait dit toute sa pensée :

— Souffrir!... aurait-il ajouté, souffrir! Anaïs... lorsque votre main glisse sur la mienne et votre haleine tiédit mon front! souffrir..! quand vos lèvres me versent des paroles de pitié... quand vous prenez de moi le soin que prendrait une mère, une sœur adorée! Ange du ciel! ne m'apportez-vous pas sous vos blanches ailes la consolation et l'oubli des maux?... Ah! que votre regard rayonne toujours sur le mien, pour que j'aie foi en l'avenir et que je n'aperçoive plus les nuages sombres qui planent autour de moi...

Elle s'était levée, et s'accoudant à une fenêtre, elle pleurait en silence.

— Pauvre Anaïs, pensa-t-il, c'est toi qui souffres maintenant.

Il voulut aller vers elle pour tomber à ses genoux, mais un sentiment de délicatesse le retint. L'instant d'après, elle se rapprocha de lui. Ses beaux yeux n'étaient plus humides, son visage était calme, mais profondément abattu. Qu'est-ce donc que de nous, hélas ! Les blessures de notre corps saignent et guérissent, tandis que notre cœur, lors même que nos larmes sont taries, reste encore brûlant et ulcéré.

Dans la situation d'esprit où se trouvait la comtesse, pleurer avait été pour elle un besoin organique, comme frissonner de terreur ou se reposer de lassitude. Il ne fut pas difficile à Joseph de lui céler la véritable cause de son accident ; car, dominée par cet ébranlement nerveux commun à la plupart des femmes, et qui part de la tête ou du cœur, Anaïs acceptait sans examen, sans arrière-pensée et avec une spontanéité surprenante, toutes les émotions qui venaient l'assaillir. Cela pouvait être mal, sans doute, et avoir pour elle des résultats incalculables; mais son excuse était dans son ignorance et dans cette perturbation morale qui ne lui permettait pas d'entrevoir les périls de sa position.

Dès sa première entrevue avec Joseph, le sort de mademoiselle de Reillanne avait été fixé sans retour. Cette époque formait dans sa vie une ligne de séparation. D'un côté se plaçait l'espérance dans un avenir qu'elle voyait à travers le prisme enchanté de l'amour; de l'autre, le regret pour un passé de calme et d'innocence qui se retirait d'elle et s'effaçait dans le temps.

En venant s'établir à S..., Joseph avait été

installé dans le pavillon du jardin. Son appartement se composait de deux pièces, l'une, dont il a été parlé plus haut, servant de cabinet d'étude, et l'autre de chambre à coucher. Cette retraite lui convenait à merveille ; il y trouvait de frais ombrages, de la solitude et une perspective enchantée. Anaïs l'avait habitée longtemps et semblait y avoir laissé quelque chose de son existence. Aussi, Joseph, en respirant cet air, croyait-il s'enivrer du souffle de la jeune fille. Sans avoir une foi entière au mesmérisme, il s'imaginait qu'une atmosphère dans laquelle ont vécu successivement plusieurs personnes exerce sur les unes et sur les autres une influence magnétique, et les met en rapport d'habitudes, de sentiments et de passions. Il se servait des meubles dont s'était servie la comtesse. La nuit, il reposait sur les coussins qu'avait foulés son beau corps. A un autre que Joseph cela seul aurait causé des insomnies brûlantes et des rêves de volupté; mais chez lui l'esprit faisait taire la chair. Là où le commun des hommes aurait puisé l'oubli de la mort, il ne cherchait qu'un sentiment sérieux et grave; car il n'oubliait pas que le plus sombre drame de notre vie s'achève bien souvent à la même place où le plaisir vient d'effeuiller sa couronne.

L'hospitalité de S... était facile et discrète; elle laissait au jeune peintre la liberté de tous ses instants. Chaque jour le comte se rendait à Champclos pour activer ses constructions, et il n'en revenait d'ordinaire que sur le soir. Ces absences multipliées étaient pour Joseph un sujet de malaise et presque de frayeur. Il éprouvait je ne sais quelle défiance de lui-même à se trouver seul avec une jeune femme, belle, impressionnable, et *s'énamourant* de tout ce qui intéresse le cœur et l'imagination. Le caractère d'Anaïs offrait un singulier mélange de réflexion et de naïveté. D'une part, elle se rapprochait du berceau par son ignorance des choses les plus communes, et de l'autre, elle touchait aux limites de la vie par les idées contemplatives qu'inspirent la religion et le spectacle de la nature. La perte d'une mère, sa seule amie, avait accru chez elle cette disposition à la mélancolie et au mysticisme. Elle avait tant aimé sa mère qu'elle s'efforçait de ne pas croire à la réalité de leur séparation. Il lui semblait que les élues du Seigneur, qui laissent des enfants sur la terre, obtiennent la permission d'y revenir pour un temps et de se constituer gardiennes invisibles de cette autre partie d'elles-mêmes dont la mort les a séparées. Cette pieuse hétérodoxie était la seule dont sa croyance fût entachée; car, pour tout le reste, Anaïs avait une foi d'enfant. Avec ces habitudes morales, sa sensibilité s'exerçait dans une sphère tellement élevée qu'elle se rendait inaccessible à cette foule de petites joies et de petites douleurs qui composent l'existence de presque toutes les femmes.

La comtesse et le peintre se devinèrent à la première vue. Pas une pensée d'Anaïs qui ne fût complétée par Joseph; pas une parole de Joseph qui ne trouvât un écho dans le cœur d'Anaïs. En présence d'un de ces beaux jeunes hommes qui nous viennent de la grande ville, façonnés en tout points comme des pierres fausses par un habile joaillier, mademoiselle de Reillanne ne se serait pas sentie émue, sinon de curiosité. Elle aurait écouté, sans la comprendre, cette conversation technologique, terre-à-terre, et galoppante, si l'on peut dire ainsi, que messieurs de la fashion doivent à la fréquentation de leurs chevaux : dandys d'importation anglaise, non encore taxés à la douane, et qui, pour avoir la conscience de leur nullité, n'en dédaignent pas moins les hommes supérieurs ; véritables Don Juan de l'hippodrome, qui donneraient leur plus belle maîtresse pour arriver les premiers au but d'un *steeple-chase*, ou bien encore, si Joseph eût appartenu à cette autre espèce, non moins insipide quoique plus grotesque d'hommes qui, se posant en martyrs de la pensée, délabrent leurs vêtements et encadrent leurs visages dans les anneaux d'une inculte chevelure, la comtesse alors se serait moquée, ou de dégoût elle aurait détourné les yeux. Mais le jeune peintre ne connaissait pas l'affectation de sentimentalisme, ni les airs de tête, ni le regard, au moyen de tout quoi, ces comédiens tragiques simulent les souffrances du génie. Sa tournure n'avait rien d'étrange ; sa mise, toujours sévère, était d'une extrême simplicité ; on ne remarquait en lui aucune de ces bizarreries qu'adoptent les pauvres d'esprit pour attirer sur eux les regards de la foule et pour se donner une valeur quelconque. Bien loin d'exagérer ce qu'il éprouvait, il faisait effort pour cacher à tous les plaies de son ame; et trompant la douleur par un sourire, il se mêlait avec bonhomie aux entretiens de la vie commune, malgré le vide qu'il en ressentait dans son cœur. Ce n'était qu'en tête-à-tête avec Anaïs qu'il donnait l'essor à ses poétiques inspirations, et tout lui servait pour cela : l'aspect du ciel et des hautes montagnes, une croix au milieu du chemin, une jeune fille qui passait près de lui joyeuse ou attristée, un souvenir de Rome, de son enfance et de son pays natal; tout le ramenait alors vers ce funeste idéalisme qui le vieillissait avant l'âge.

Comment exprimer les mélancoliques douceurs de leurs promenades, à travers les champs, lorsque perdus dans des sentiers ignorés, une parole, un regard, un geste traduisait à chacun d'eux les impressions que l'autre recevait? La voix de Joseph, habituellement douce et un peu voilée, avait alors quelque chose de solennel qui s'harmoniait merveilleusement à la situation. Cette voix était pour Anaïs comme l'écho d'un monde invisible; elle éprouvait, en l'écoutant, une sorte de surexcitation mentale qui la dégageait des liens terrestres et qui la transportait dans les champs de l'infini. Au milieu de ces rêveries extatiques, si elle attachait son regard sur Joseph, ou si sa main rencontrait la sienne, un frémissement inconnu parcourait tout son être, et la nature reprenait ses droits sur un cœur de vingt ans. Dans cet état, elle descendait en elle-même, et, fidèle à ses habitudes dévotieuses, elle scrutait sa conscience pour en dissiper les alarmes. Mais la conscience a des replis insaisissables, des sentiments qui échappent à l'analyse, des impressions secrètes qu'aucune religion n'a classées ni parmi le mal ni parmi le bien. La conscience, il faut le dire, contrairement à l'opinion reçue, est changeante et capricieuse : elle ressemble à ces masques à double face, qui pleurent d'un côté et qui sourient de l'autre. Selon le point où on la considère, les péchés capitaux apparaissent couleur de rose, et les fautes vénielles semblables à des furies.

Sa conscience trompait Anaïs, en lui donnant le change sur la nature du sentiment qui la dominait. Dans cette étroite union des ames et dans ce parfait accord de deux pensées, elle ne considérait que le moyen d'arriver à Dieu sur les ailes de l'espérance et de la foi. A voir Joseph si naïvement religieux dans un siècle où la plupart des hommes font de leurs croyances un objet de mode et de spéculation, elle ne pensait pas qu'il y eût péril à se trouver seule avec lui; puis il était malheureux... et elle le plaignait, ne sachant pas que, dans le ciel, l'amour et la pitié se tiennent par la main et se disent : mon frère et ma sœur. Ajouterons-nous qu'elle éprouvait une secrète envie de connaître le passé de Joseph? Comme si nulle femme au monde ne devait être exempte du défaut qui perdit notre mère à tous.

Joseph n'eut pas de peine à démêler les véritables sentiments de la comtesse : l'ivresse qu'il en ressentit ne fut pas d'abord sans quelque mélange de terreur; mais bientôt il se rassura, et cédant à une impulsion irrésistible, il accepta pour elle et pour lui toutes les conséquences d'un amour partagé. Toutefois, en ennemi déclaré du sensualisme, il s'efforçait de résister aux suggestions de la volupté; et en cela son instinct de poète le servait à merveille. Il pressentait, ou peut-être il savait par expérience, que l'amour ne s'acclimate pas sur notre globe, et qu'il n'a de chances de vie que dans le domaine de la pensée. Aussitôt que les sens participent à ses impressions, tout ce qu'il a de divin s'évapore, et ce que nous gagnons en jouissances matérielles, nous le perdons en ravissements de l'esprit. La jeune fille qui répond au regard par un autre regard, à une pression de main par une autre pression, a déjà fait un pas vers le suicide moral. Mais lorsqu'une fois elle a prononcé le mot : je t'aime! l'ange est à moitié déchu. Qui ne se rappelle avoir vu la plus ravissante de toutes les filles de l'air, sylphide aux ailes de moire et d'azur, mourir dès qu'elle a touché la terre et posé ses lèvres sur le front d'un berger endormi?

Les choses en étaient à ce point, lorsque la scène du pavillon, que nous avons racontée plus haut vint révéler à Anaïs toute l'étendue de sa passion. Dès ce moment, ses entretiens avec Joseph devinrent moins intimes et sa sympathie plus réservée. Sa conversation naguère pleine de hautes images se décolora sensiblement, ses peroles perdirent toute signification élevée : on eût dit qu'elle s'étudiait à revenir aux idées communes, comme si les menus détails de la vie matérielle pouvaient servir d'antidote aux fièvres de l'ame. Chose étrange!... la vue d'un tiers entre elle et Joseph, lui devenait importune, et pourtant elle redoutait de se trouver seule avec lui, et elle s'alarmait des continuelles absences d'Albert.

Il eût été bien difficile à M. de Reillanne de découvrir le secret des deux amants à travers le mystère de leurs regards et de leurs paroles. Au reste, il avait foi en l'honneur du jeune peintre, et il le jugeait incapable de manquer à la délicatesse. D'autre part, l'amour qu'il portait à sa cousine était celui d'un père pour un enfant adoré : il la trouvait belle comme on trouve belle sa fille et sa sœur; mais pour que ce sentiment participât de l'amour, il aurait fallu reconstruire tout un passé et mettre en oubli les souvenirs sacrés d'enfance et de famille. Ces dispositions d'Albert donnent à croire qu'il ne prenait point souci du rapprochement de Joseph et de la comtesse : peut-être même s'applaudissait-il de l'avoir provoqué; car avec un entourage si doux et si cher à la fois, il comptait sur l'avenir comme un riche sur son trésor, et il ne demandait rien de plus pour être parfaitement heureux.

Il n'en était pas ainsi de M. Remy; dans les visites assez fréquentes qu'il faisait au château, le docteur n'avait pu voir, sans être vivement contrarié, un peintre idéologue, un étranger à l'existence mystérieuse, s'impatroniser comme un ami d'ancienne date, au sein d'une famille qui le connaissait à peine. Cet homme réalisait à ses yeux le type malheureux d'une intelligence qui s'égare, en se berçant de continuelles chimères. Avec l'expérience qu'il avait du caractère doux, mais facilement enthousiaste de la comtesse, la présence de Joseph à S... lui paraissait un grand mal, et s'il la redoutait c'était uniquement par sollicitude pour elle. Au reste, il n'était pas homme à s'en cacher bien longtemps. Sa franchise habituelle, son âge avancé et sa vieille amitié pour les Reillanne lui donnaient plus qu'à tout autre le droit d'exprimer sa pensée à cet égard. La conduite du comte lui semblait inexplicable. Il ne concevait pas que l'admiration même la plus légitime, pût servir de prétexte à l'oubli des convenances. Il pensait au contraire que les convenances étaient faites pour servir de frein à l'admiration et pour en modérer les emportements. Albert avait été, de tout temps, l'objet de sa prédilection. Il l'avait vu naître et grandir; plus tard il l'avait suivi de ses vœux dans la carrière des armes, et maintenant que le comte renonçait à cet état, il songeait à le fixer invariablement par un mariage avec sa cousine. En cela, M. Remy calculait comme ces agents matrimoniaux qui ne tiennent aucun compte des affections, ou qui ne savent pas en apprécier la nature. Cette union lui paraissait en tout raisonnable et de parfaite convenance. A vrai dire, Anaïs était plus jeune et plus riche que son cousin, mais non pas disproportionnellement, ils étaient, du reste, en rapport exact de pensées et de caractères. Ce projet n'avait donc rien d'étrange : mais au moment d'en préparer l'exécution, l'arrivée du jeune peintre venait y mettre un obstacle inattendu. Le docteur s'en irritait davantage : et, bien loin de faiblir devant l'ennemi, il se proposait de l'attaquer de front et de tenter un résultat décisif. L'occasion ne tarda pas à se présenter.

Champclos venait d'être restauré et agrandi. M. de Reillanne voulant faire les honneurs de son habitation aux personnes qu'il aimait le mieux, y avait réuni Anaïs, Joseph et le docteur. C'était un jour du commencement d'août, au temps des fortes chaleurs. Le déjeûner fut servi dans un kiosque nouvellement construit sous les ombrages du parc. Ce lieu fut trouvé charmant, et l'on résolut d'y passer le reste du jour. La conversation d'abord insignifiante aborda bientôt un sujet élevé. On vint à parler d'une œuvre de poésie impatiemment attendue, et qui venait enfin de paraître. A ce propos, M. Remy avança hardiment que le titre de ce poème (*La Chute d'un Ange*) résumait, on ne peut mieux, la position littéraire que l'auteur venait de se créer. Anaïs défendit avec chaleur son poète favori : Albert et Joseph firent comme elle. Cette coalition était prévue : le docteur résista avec une intrépidité vraiment stoïque aux efforts combinés de cette triple attaque, et il y répondit victorieusement. Toute la littérature contemporaine fut enveloppée dans la même proscription : le docteur n'épargna personne.

— Comment oser croire, disait-il, qu'en France, au centre du goût et de la raison, dans la patrie de Voltaire et de l'auteur du *misanthrope*, il s'achète journellement un ramassis de non-sens et de prétentieuses niaiseries que nul homme ne saurait lire, si comme les apôtres, il n'avait préalablement reçu le don des langues. Les esprits élevés de notre époque qui ont imprimé à la littérature cette tendance si rétrograde et si peu française, doivent en porter la peine aux yeux de la postérité. Ils se sont égarés eux-mêmes dans la route qu'ils venaient d'ouvrir à la foule des imitateurs, et pour ne pas déroger à leur système, ils ont fait avorter leurs plus belles conceptions. Quelques uns d'entre eux (peut-être ne devrais-je pas employer le pluriel) doués d'une préscience instinctive, semblent avoir compris que leur règne touchait à son terme, et pour faire pénitence de leurs péchés littéraires, ils alternent entre des factums politiques, et des essais sur l'histoire. Mais il reste encore le *servum pecus*, des copistes. Je ne dirai rien de ceux qui vendent à tant la page des rames de papier barbouillé d'encre. S'ils ont faim, je leur pardonne : la faim est si mauvaise conseillère. Quant à ceux qui ne prétendent qu'à la gloire, ils auraient la chance d'exciter la pitié, si l'on pouvait les prendre au sérieux.

» Choisissez, entre mille, un de ces in-octavo jaunâtres ou feuille-morte que l'on étale aux vitres des cabinets de lecture. Vous éprouverez tout d'abord une singulière appréhension : c'est que le régime de mélancolie, d'émotions et d'évanouissements, auquel l'auteur met ses personnages, les fasse tous périr avant la fin du livre. Le fait contraire serait physiologiquement inexplicable; et si la vie réelle ressemblait au roman, les spiritueux et les eaux de Cologne deviendraient hors de prix.

» Malheureusement les beautés de la forme ne rachètent pas ces invraisemblances du fond. Bon gré mal gré l'on veut se montrer original, et, pour être plus sûr de ne pas ressembler à tout le monde, on prend le rebours de la raison vulgaire et du sens commun. Si les classiques d'autrefois ont quelque pensée mauvaise, les romantiques d'aujourd'hui s'en inspirent volontiers, et, s'enflant du mépris des choses terrestres, ils s'élèvent majestueusement dans la nue. Or, la navigation aérostatique est mal aisée, surtout lorsqu'on a trop de lest. Le lourd bagage de nos audacieux les ramène vers le sol, meurtris et défigurés. Parfois ils se relèvent, mais pour retomber encore, comme ces oiseaux mal emplumés, à qui la nature ou les hommes ont rogné les ailes. Leur style aventureux et tourmenté offre un pêle-mêle inoui d'épithètes hyperboliques, d'images grandioses et de locutions basses et hasardées : le néologisme surtout y domine. Nos éditeurs à la mode ne feraient point mal, ce me semble, de diviser en deux colonnes chaque page des livres qu'ils publient ; une colonne pour le texte, et l'autre en regard pour l'explication des phrases obscures et des mots nouveaux. Cette attention délicate serait, à coup sûr, vivement appréciée par la masse des lecteurs. »

Cette critique acerbe avait mis le docteur hors d'haleine ; il s'arrêta quelques instants, mais sans perdre de vue le but auquel il tendait, et, avant qu'on songeât à lui répondre, il reprit :

« Ces absurdités littéraires ne seraient, à tout prendre, que des absurdités, si du roman elles ne passaient pas dans la vie réelle. Mais l'influence qu'elles exercent dans un certain monde dirige les actions et gâte l'avenir d'un grand nombre de personnes. La mode elle-même favorise cette influence, et il est de bon ton de s'y soumettre, ou de faire semblant, ce qui n'est pas difficile. Un mois de diète et l'absence du rasoir et des ciseaux vous suffisent pour devenir tout à fait moyen-âge. Par suite du même système d'économie, votre taille se courbe, votre voix s'affaiblit et vous devenez triste, bon gré mal gré. Si, après cela, il vous reste encore assez de force pour parler, vous avez la chance de rencontrer tôt ou tard quelque riche et sentimentale demoiselle ou veuve, qui vous offrira son cœur et sa main, voulant, par forme de compensation, allier la fortune au génie. Ce résultat vaut bien que l'on joue la comédie pendant quelque temps. Suivons les nouveaux époux dans leur intérieur. Qu'arrive-t-il ?

La lune de miel passée, c'est à dire après le délai de bienséance, monsieur se rogne les ongles, se coupe la barbe et les cheveux, et jette à son valet de chambre toute sa défroque romantique. Chaque jour il allume son cigarre avec les feuillets d'une traduction de Werther ; il fait régulièrement ses quatre repas, et redevient joyeux et joufflu comme un Bernardin. Et madame, que devient-elle ? Une femme spirituelle ne se fâche pas de ces sortes de perfidies ; elle s'en venge.

» De pareils traits souvent renouvelés corrigeraient bon nombre de maniaques : malheureusement ils sont rares. Il se rencontre des hommes qui, avec beaucoup d'imagination, assez de noblesse d'ame et une extrême sensibilité, érigent la bouderie en système et, comme Diogène, marchent au rebours de tout le monde, sans avoir l'esprit ni la lanterne du philosophe. Réné, Childe-Harold, Antony (ne vous fâchez pas de l'assemblage : ce dernier est tout aussi logique que les deux autres), ne sont pas des types absolument faux ; chacun d'eux existe dans la vie réelle, modifié par les lieux, le talent et les circonstances. Le grand tort des écrivains qui les ont développés, c'est de leur avoir épargné le ridicule qu'ils méritent, c'est de les avoir fait beaux et martyrs de je ne sais quelle fatalité inventée tout exprès pour les rendre intéressants. Il fallait, au contraire, nous les montrer tels qu'ils sont : inintelligents des choses les plus utiles et pernicieux à eux-mêmes et aux autres. Moyennant ce, nous ne verrions pas aujourd'hui une foule de soi-disant poëtes promener leurs pensées dans des régions apocalyptiques ; nous ne verrions pas (ce qui est bien autrement grave) de jeunes hommes oublieux de toutes les convenances sociales, prendre la façade du Palais de Justice pour celle du Panthéon, et les bancs des Cours d'Assises pour le piédestal du génie ! nous ne les verrions pas, sur un soupçon de perfidie, attenter aux jours d'un ami, d'un frère, percer le cœur d'une femme aimée, et se tuer à leur tour : ce qui ne ressuscite personne ! Tout cela est atroce et stupide. Tels sont pourtant les enseignements journaliers du roman et du drame. Nos semeurs littéraires ne sont pas maladroits, il faut le croire, car la récolte de ces crimes à la mode devient de plus en plus abondante. Si vous doutez de ce que j'avance, lisez nos fastes judiciaires. »

En cet endroit, Joseph Deroches fit un mouvement et sembla vouloir répondre au docteur, celui-ci l'interrompit, mais l'artiste ne prononça pas une parole. Il étendit son bras vers une table chargée de rafraîchissements, prit un verre d'eau à la glace et le porta machinalement à ses lèvres. La pression convulsive de ses doigts autour du verre et le frémissement des muscles de sa face trahissaient une horrible souffrance : le docteur en fit la remarque. — Il y a dans la vie de cet homme un grand crime ou une grande douleur, pensa-t-il, puis il continua :

— Combien d'avenirs perdus, combien d'existences gâtées par cette fièvre d'artiste et de poète qui semble mener à la gloire et qui ne garde que déceptions. La vie matérielle ne veut pas être dédaignée; quelque aride qu'elle paraisse, elle a des misères heureuses qu'on ne peut entrevoir des hauteurs de la pensée : les faits sont là, vous n'avez qu'à choisir.

— Vous savez les noms de ces deux jeunes hommes qui s'asphyxièrent, *parce qu'ils manquaient d'air*, et dont la tombe fut semée de fleurs par ceux-là même qui l'avaient creusée. Pauvres enfants! disait-on, sots enfants! devait-on dire; car le plus niais de tous les enfantillages, c'est un suicide au début de la vie. Eh! quoi! vous donnez à votre siècle des indigestions de drames et de poésies, et vous criez à l'injustice si votre siècle cesse de vous lire un jour; et vous vous tuez à cause de cela! que n'étiez-vous plutôt boulangers, tailleurs, ébénistes? on sait qu'il faut à tout le monde du pain, des habits, des meubles, tandis qu'à la rigueur on se passe d'idées, ce qui ne rend pas plus malheureux. »

— Docteur, demanda le peintre, ne serait-il pas équitable de penser que Dieu tient compte du malheur des hommes, que la douleur est de la gloire à ses yeux, et qu'il garde des extases d'amour pour l'ame qui a passé triste et souffrante sur la terre? Car, si vous leur ôtez l'espérance, que restera-t-il à ces malheureux que vous signalez comme la plaie de notre siècle, et sur lesquels vous déversez tant de ridicule? Savez-vous bien, Monsieur, que ces infirmités morales dont vous riez si amèrement, viennent, pour la plupart, d'un cœur noble et généreux, et d'habitudes contemplatives qui datent parfois de l'enfance? Avant de connaître les hommes, on se fait une existence à part, existence grande, morale, plus digne du ciel que de la terre; plus tard, lorsque tombant au milieu du monde, on jette un regard sur ses anomalies, son incrédulité, ses petites joies et ses douleurs ignobles; l'ame recule d'épouvante, on se trouve aux prises avec une existence étroite et triviale, et l'on se débat contre une affreuse réalité : alors plus d'enchantement, plus de poésie, il faut renoncer à des rêves sublimes, s'abaisser au niveau d'une nature ingrate et railleuse, et partager ses misères et ses doutes. Que faire? que devenir alors? Serait-ce donc un mal sans remède.

— Le remède existe, répondit le docteur; il s'agit de vouloir en faire usage. Ce n'est pas le suicide, comme certains l'ont enseigné; ce n'est pas non plus la vie des cloîtres, ainsi que d'autres l'ont prétendu : ces deux extrémités sont, d'une part, l'aveu d'une indigne faiblesse, et, de l'autre, l'aberration la plus complète de l'esprit. Entre tous les suicides dont l'histoire nous a transmis le souvenir, celui d'Empédocle est, à mon sens, le plus excusable, et encore ne servit-il pas à la science.

— Pardonnez-moi, docteur, interrompit Anaïs, il servit à prouver que les savants et les philosophes ne sont pas, plus que les poètes, exempts des aberrations de l'esprit.

Les deux amis s'entreregardèrent en souriant, tandis que le docteur poursuivait sans tenir compte de l'interruption :

— Qu'est-ce qu'un cloître? En style romantique, ce mot peut bien vouloir dire un hôpital des ames. Or, ames malades et cerveaux malades se ressemblent assez pour que chaque monastère ne soit qu'une succursale de Charenton, où, bien loin de se guérir, l'on devient tout à fait incurable. Insensés qui cherchent l'espérance dans le néant et la volupté dans la contemplation d'une tête de mort!...

— Le néant est le dieu des matérialistes et non pas celui des vrais chrétiens, répondit Joseph. Ah! ne traitons pas d'insensés les hommes qui se vouent au cloître, car ils pourraient nous rendre en pitié ce que nous leur donnons en mépris. Confiants en la parole du maître, ils savent que la religion est une solitude sans bornes, triste et sombre, vue de loin, mais qui garde à l'ame fidèle des fruits sans amertume et des oasis enchantées; ils savent que la vie monastique est une préface au livre de l'éternité, une répétition, à petit bruit, du grand drame de la mort, une espèce d'avant-poste, d'où l'on fait des excursions dans les domaines d'un autre monde, afin d'en mesurer l'étendue.

— Tout cela, répondit le docteur, est très musical, très poétique et merveilleusement cadencé. On voit, monsieur Deroches, que vous venez du pays des chanteurs ; mais mon intelligence s'effraie et n'ose vous suivre dans les régions du mysticisme, n'ayant pas comme vous des ailes de poète pour parer aux inconvénients d'une chute. Je vous raconterai, pour en finir, comme quoi je suis parvenu à guérir une ame malade et à lui faire trouver ridicule ce qu'elle trouvait sublime auparavant.

— Il y a quelques années qu'un jeune homme, appartenant à une famille honorable de ces environs, fut envoyé à Paris pour étudier en droit. La première fois qu'il parut au cours (c'est de lui que je tiens ces détails) la physionomie âpre et un peu soldatesque du savant professeur Bugnet le terrifia tellement qu'il n'y revint plus. D'imprudents amis le poussèrent dans le tourbillon littéraire ; il se lia avec des célébrités du quatrième ordre, et il parvint à faire jouer un mauvais drame sur le petit théâtre du Panthéon. Dès lors tout fut perdu. Il revint de Paris malade et léger de science, mais avec un lourd bagage de poésie, de drames et de romans inachevés. J'étais en connaissance avec sa famille, et je fus prié de lui donner mes soins. Quelques prescriptions diététiques ayant amené du mieux, je reconnus que la maladie était simplement nerveuse et que dans l'état elle ne présentait aucun danger. Le point difficile était d'en discerner la cause et de la combattre, afin de parvenir à une guérison complète. A force d'interroger, d'épier et d'observer, je découvris enfin le secret de ses douleurs. Je déterrai le recueil de ses élucubrations journalières, bizarre et monstrueux fouillis dont la seule vue me fit frémir. Il fallait frapper un coup difficile; j'obtins l'assentiment des parents, et les flammes firent justice de tout ce fatras.

— Le malade, frappé de stupeur, ne se plaignit pas, mais il tomba dans un abattement profond. Je proposai des distractions qu'il refusa ; celles que j'imposai ou que je fis naître par surprise n'eurent aucun résultat. Le jeune homme boudait aux plaisirs comme l'enfant aux mets dont il est repu. Je voulus accomplir sur lui une œuvre de décentralisation, c'est à dire transporter les forces vitales du centre à la périphérie et développer le système musculaire aux dépens de la sensibilité nerveuse. A cet effet, je prescrivis des occupations agricoles et des exercices corporels. Soit hasard, soit maladresse, notre homme élagua de jeunes mûriers qui périrent peu de temps ensuite, et lui-même fit une chute de cheval qui le força de garder le lit pendant une semaine. J'essayai de faire naître en lui la passion de la chasse : ce fut en vain, il tira et manqua plusieurs lièvres avec un calme désespérant. Je compris qu'il ne serait jamais chasseur. Il vint en l'idée de son père que l'appât de l'or, ce séducteur universel, ou les chances à courir dans une opération commerciale auraient sur notre malade plus d'influence que tous les moyens employés jusqu'alors. Il fut décidé qu'Aristide (c'est le nom du jeune homme) entreprendrait le commerce des soies. Après un court noviciat, fait sous le patronage d'un moulinier de l'Ardèche, on lui confia la direction d'une fabrique à ouvrer la soie. J'augurais favorablement de cette nouvelle tentative. Deux mois après son installation, je le visitai dans sa fabrique. Jugez de mon désappointement : le malheureux en était au vingtième chapitre d'un roman psycologique en deux volumes.

— Nous voilà donc toujours au même point. En désespoir de cause, je voulus essayer de l'homéopathie, et soupçonnant que quelque affection du cœur pouvait bien avoir précédé, chez Aristide, l'affection de l'esprit, je lui proposai en mariage une toute aimable et toute sentimale jeune veuve. Il ne répondit ni oui ni non; seulement il m'écrivit, après quelques jours, une lettre ainsi conçue :

« Docteur, j'ai réfléchi... Le mariage est
» une existence à deux, bonne lorsque le ciel
» y préside, mauvaise lorsque l'enfer s'en mêle.
» Dans le premier cas, c'est une coalition puis-
» sante contre les maux de la vie; c'est la réa-
» lisation de la pensée de Swedenburg, qui

» voulait que deux ames, étroitement unies » sur la terre, n'en fissent qu'une dans le ciel, » mais différemment c'est la contre-partie mo- » rale du supplice infligé à ces chrétiens qu'on » liait à un cadavre, jusqu'à ce que la putré- » faction et la mort s'ensuivissent... »

— La lettre me tomba des mains : il me fut impossible de continuer. Je devais pourtant bien savoir que notre jeune littérature ne peut se passer d'amphigouris, non plus que d'images horribles et dégoutantes.

— Définitivement, je classais Aristide parmi les incurables, et je renonçais à toute tentative ultérieure, lorqu'un office de notaire fut mis en vente dans le pays. Cette circonstance me donna à réfléchir. En admettant que le mal d'Aristide vint de son penchant à l'idéalisme, il restait encore un moyen de salut : c'était d'opposer à ses habitudes intellectuelles le prosaïsme d'un état selon le siècle. En ce sens, l'exercice du notoriat me semblait une excellente chose. Des convenances de famille que l'on mit en avant déterminèrent Aristide, qui se dévoua avec une résignation vraiment admirable. On traita sous condition avec le titulaire de l'office. Après quelques études et quelques formalités préliminaires remplies, Aristide fut nommé notaire. Les commencements durent lui être pénibles. Néanmoins, il semblait prendre goût à son nouvel état, et sa famille ne désespérait plus de sa guérison. Six mois se sont écoulés depuis cette époque : j'ai reçu de lui, il y a quelques jours, une lettre que je garde, et dont voici littéralement le contenu :

« Mon cher docteur, le protocole me va à
» merveille, et je n'arrive jamais au *dont acte*,
» sans vous remercier du service que vous m'a-

» vez rendu. L'exercice d'une profession rai» sonnable m'a sauvé. Si j'avais moins souffert » de ma folie, je m'en moquerais aujourd'hui; » mais je n'en ai pas la force, et je me con» tente de jouir en silence de mon désillusion» nement. (Passez-moi le mot : c'est du néolo» gisme pour rire.) Je désapprends la vie » poétique, et j'ai réduit mes lectures à celles » du Code et de ses commentaires. De cette ma» nière, je me suis désabusé de G. Sand en » étudiant le contrat de mariage. Les art. 756 » et 908 du Code civil m'ont fait considérer » *Antony* sous son point de vue le plus défavo» rable, et M. Rolland de Villargues m'a brouillé » avec l'auteur de *Jocelyn*. Si je ne craignais de » retomber dans mes mauvaises habitudes, et » de faire des comparaisons burlesques comme » autrefois, je vous dirais que la profession de » notaire est pour moi ce que sont les éteignoirs » pour les chandelles qui brûlent trop vite. »

En post-scriptum il ajoutait :

« Je suis en voie de mariage : ma future est » riche, de bonne famille; elle n'est ni » laide, ni jolie, et a de l'esprit juste ce » qu'il en faut à une femme. Vous voyez, » cher docteur, que ma guérison est à peu » près complète. »

Cette lettre me combla de joie; le mot si notarial, *ma future*, me semblait du plus heureux présage. J'étais fier, je l'avoue, d'avoir enfin réussi, car, pour un mauvais poète de moins, le pays avait la chance de compter un bon notaire de plus.

A des organisations différentes, je prescrirais des moyens différents. Je ferais la part des habitudes, du talent, et même du génie, si vous voulez, quoique je ne comprenne pas la signification générale de ce mot. A vous, par exemple, si vous étiez dans la situation d'Aristide, à vous, M. Deroches, je dirais ceci : Renoncez à la peinture des sentiments et des passions, copiez plutôt des fleurs, des monuments, des arbres; attachez-vous à la nature morte, enfin matérialisez l'art, de crainte que l'art ne vous tue; ou mieux encore, allez en Bourgogne, puisque là sont vos propriétés; plantez de nouvelles vignes, agrandissez vos caves, achetez des charrues modèles, épluchez les comptes de vos fermiers, faites citer en réintégrande un voisin rapace qui vous prend du terrain. Il n'y a rien d'anti-poétique comme la procédure, et je ne pense pas qu'un délire, soit de l'imagination, soit du cœur, puisse résister longtemps à un régime bien conditionné de significations, oppositions, descentes sur les lieux, vérifications d'experts. »

Une fois engagé dans ce dédale judiciaire, le docteur n'en serait pas sorti de si tôt, mais la comtesse se leva, et, comme le soleil baissait à l'horizon, elle proposa une promenade dans le parc.

Ils quittèrent le kiosque en silence, et diversement affectés. Anaïs paraissait inquiète et troublée. La pauvre enfant repoussait avec effroi ce système d'ironie cruelle qui déverse le mépris sur ce qui mérite la pitié, qui enveloppe dans la même proscription des choses sacrées et des hommes que le siècle entoure d'une auréole de gloire. Vouloir guérir la douleur par le sarcasme, et les grandes passions par le ridicule, lui semblait une entreprise non moins absurde qu'odieuse, surtout lorsque la critique n'est pas exempte elle-même des défauts qu'elle signale dans autrui. Elle comprenait (les femmes comprennent si aisément lorsque leurs affections sont en jeu !) que le docteur ne généralisait la question qu'afin d'avoir le champ libre, et de mieux développer tous les moyens d'une attaque dont la littérature était le prétexte, mais dont, en réalité, Joseph Deroches était l'objet. Aucune allusion, soit directe, soit détournée, ne lui échappa. De cette sorte, elle eut à souffrir pour deux ; mais le blâme n'atteignit pas Joseph, car ce cœur de femme, dans lequel il s'était fait un sanctuaire, lui rendait en amour plus qu'on ne lui donnait en déconsidération.

M. de Reillanne trouvait beaucoup à reprendre dans une argumentation qui tantôt s'élevait jusqu'au portrait historique, et tantôt descendait jusqu'à la caricature ; où s'entremêlaient des vérités banales, d'étranges paradoxes et des personnalités malveillantes. Néanmoins il se taisait, dans la crainte de prolonger une discussion dont Anaïs et Joseph souffraient visiblement. Quant au jeune peintre, il était sous l'impression d'une idée fixe et douloureuse; toutes les blessures de son ame s'étaient rouvertes aux paroles de M. Remy, et devant cet homme il baissait les yeux comme devant un accusateur.

Au sortir du kiosque, celui-ci s'empara de son bras, et, le tirant à l'écart :

—Ce n'est pas tout encore, dit-il, vous aimez la comtesse et la comtesse vous aime.

Joseph tressaillit. —Votre main tremble, jeune homme, reprit le docteur; il paraît que j'ai frappé juste. Vous aimez la comtesse, avouez-le, car c'est bien la femme de vos rêves, frêle et délicate, comme il vous les faut à vous autres poètes, qui les prenez pour des anges et pour des bannies du ciel. A son tour, la comtesse

vous aime. J'ai étudié l'expression de son regard arrêté sur vous, j'ai lu son angoisse dans votre souffrance, sa tristesse dans votre ennui, son exaltation dans votre enthousiasme. Elle vous aime, vous le savez ainsi que moi ; il n'est pas besoin d'une grande expérience des affections du cœur, pour se convaincre que le sentiment, lorsqu'il n'est pas un devoir, prend chez les femmes tous les caractères de la passion. Mais ce que vous ignorez sans doute, c'est que d'enfance la comtesse a été destinée à un autre, et qu'elle ne peut vous appartenir. Vous êtes homme d'honneur, M. Deroches, et vous saurez bien me comprendre. « Docteur, me di-
» sait Madame de Reillanne à sa dernière heure,
» quand je serai morte, Anaïs n'aura plus au
» monde d'autres amis que vous et que son cou-
» sin. Je connais Albert, il est bon et il peut
» rendre mon enfant heureuse. Ah ! qu'ils ne se
» séparent jamais, docteur... Faites que ma fille

» n'entre pas dans une famille étrangère... le
» nom de Reillanne est glorieux et doux à por-
» ter; qu'elle n'en cherche point d'autre... »

— Telles sont les paroles d'une mère expirante : c'est un secret devant Dieu, dont vous et moi sommes jusqu'à présent les seuls dépositaires. »

Tout cela était-il bien vrai? nous ne l'affirmerons pas. Il est probable que le docteur, en homme qui a de graves intérêts à défendre et qui voit l'imminence du péril, admettait sans scrupule tous les moyens propres à le conduire à son but. Il connaissait le faible de Joseph, et il savait d'avance que les mots d'honneur, de secret devant Dieu, et de révélation sur le bord d'une tombe, ne seraient pas vainement prononcés devant lui. Dans cette persuasion, il comptait sur ses dernières paroles comme sur la péroraison d'un beau discours de rhétorique, et il ne se trompait pas.

L'artiste, profondément ému, jeta sur son interlocuteur un regard qui semblait dire :

— N'ai-je donc pas souffert assez ? Que voulez-vous encore de moi? que faut-il que je fasse?... parlez.

M. Remy devina sa pensée, car il ajouta : —Vous n'avez maintenant qu'une alternative, ou trahir la confiance du comte, ou vous éloigner au plutôt de la comtesse. Vous avez fait preuve de résolution et de courage; seriez-vous moins fort envers vous-même qu'envers les autres?... M. de Reillanne vous doit la vie, faites qu'il vous doive aussi le bonheur. Ce sacrifice est digne de votre caractère, et il ne sera pas perdu pour vous, car une bonne action profite plus qu'un chef-d'œuvre. Ce que vous aurez fait pour Albert vous donnera du calme dans l'avenir, et si, comme on le prétend, nos vrais amis ne sont autre chose que la moitié de nous-mêmes, votre abnégation sera presque de l'égoïsme, et vous prendrez part à votre bienfait. Votre persistance à demeurer ici causerait de grands malheurs. La comtesse n'est pas une femme ordinaire; elle cache une âme ardente dans un corps bien frêle; je ne crois pas qu'elle puisse vivre longtemps. Votre amour la tuerait, et vous-même vous en mourriez peut-être. Il vous faut à tous deux une vie calme et usuelle, vie exempte d'émotions tendres, mélancoliques, et brûlantes. Or, que trouvera-t-elle en vous et que trouverez-vous en elle? du mépris pour les choses communes et du penchant pour toutes les idées qui émeuvent l'esprit. Le Prométhée des anciens mérita son vautour à force d'indiscrétion et de génie; comme lui, vous avez ravi le feu divin; comme lui, vous avez fait éclore les passions dans le sein d'une mortelle. Prenez garde, M. Deroches, que le châtiment n'atteigne à la fois et le coupable et la victime. »

Albert et Anaïs les rejoignirent en ce moment. Cet *à parte* du docteur et du peintre préoccupait visiblement la comtesse dont l'agitation ne faisait que s'accroître : elle ne s'éloigna plus, et le soir, durant le trajet de Champclos à S..., elle se pencha vers Joseph, et lui dit à voix basse :

— « De quoi parliez-vous avec le docteur?.. Ah! gardez-vous bien, gardez-vous de croire ce qu'il dit, là où l'admiration se pose le ridicule ne pénètre pas. »

Sa voix tremblait en prononçant ces paroles, et le balancement de la voiture ayant rapproché son visage de celui de Joseph, l'artiste sentit une larme brûlante tomber sur sa joue et pénétrer jusqu'à son cœur.

Deux jours après, le comte et son ami revinrent s'établir à Champclos. Mlle de Reillanne n'avait pas osé leur dire de rester à S.., de crainte d'avouer aussi ce qu'il lui importait de cacher à tous. La situation de Joseph était en cela toute passive, et le comte, en raison de ses intérêts matériels, ne pouvait demeurer plus longtemps éloigné de sa propriété.

La comtesse restée seule, s'enferma dans le pavillon du jardin, et voulut y reprendre ses occupations habituelles. Mais le cœur ne rajeunit pas..., sa harpe, cette seconde voix de son ame, ne rendait plus que des sons tristes et sans charme, ses fleurs étaient décolorées, sans parfum, et dans les emblêmes gracieux ou tendres qu'on leur attribue, elle ne voyait qu'une amère ironie. Elle revint à son album, essaya de crayonner quelques paysages, mais à chaque fois, ses larmes effacèrent ce qu'elle venait de tracer. Un jour cependant, elle eût le courage de peindre en entier une rose, mais une rose dont la fleur commençait à se flétrir, et dans le sein de laquelle on appercevait un insecte destructeur.

Maintenant qu'il n'était plus là, les lieux qu'elle avait parcourus avec Joseph semblaient répondre à la tristesse de son ame par la tristesse de leurs aspects. Naguère tout souriait autour d'elle, maintenant tout portait l'empreinte de la désolation : on eut dit que l'amour, en retournant son prisme, avait changé la nature des choses; et cette métamorphose universelle était l'œuvre d'un sentiment froissé par l'absence. Ce qu'éprouvait Anaïs n'était point une douleur ni un désespoir réels, mais c'était un vide sans nom. Elle vivait sous le toit de ses pères, entourée depuis son enfance des mêmes serviteurs et des mêmes objets : et pourtant sa patrie n'était plus là... l'horizon méridional de S... où Champclos se perdait dans la brume, lui prenait tout son cœur. C'est vers ce point qu'elle tournait chaque jour son regard et ses pas; et lorsque soufflait le vent du midi, elle l'accueillait comme un voyageur qui nous apporte des nouvelles d'un être chéri qu'il a visité dans le cours de ses pélerinages.

La comtesse voyait dans sa position actuelle la réalisation de la pensée secrète de M. Remy. Ce résultat, qui venait du cours naturel des choses, lui inspirait involontairement de l'irritation contre le docteur, et en haine d'une tyrannie qui prenait à ses yeux l'amitié pour prétexte, elle recueillait toutes ses forces pour résister à de nouvelles attaques. Anaïs était de ces femmes qui, sous une grande douceur, cachent des sentimens inflexibles, et aussi peu malléables que le diamant ou le verre : aucune pression ne peut les faire céder ; il faut les briser pour les détruire, et non sans laisser de cuisantes blessures dans le cœur qui les enserrait.

. . . .

De son côté, Joseph était retombé dans ses incertitudes. Les paroles de M. Remy résonnaient encore à son oreille comme un présage de malheur. — Parfois il voulait se persuader que le docteur n'avait agi que par calcul ou par esprit de système, et sans être assuré de l'assentiment de M. de Reillanne. Ce qui le confirmait dans cette pensée, c'était la tendresse toute fraternelle d'Albert pour sa cousine. Il n'oubliait pas ce qu'en diverses circonstances, le comte lui avait dit à ce sujet, et il s'efforçait de croire aux paroles de son ami. Parfois, au contraire, il semblait vouloir s'interdire toute lueur d'espérance, et il fortifiait ses doutes par le souvenir. Aucune circonstance, même la plus indifférente, n'était oubliée, et lorsque sa mémoire ne suffisait pas à lui créer des tortures, son imagination y suppléait facilement.

Au milieu de ce conflit de réflexions contraires, il s'attachait au présent, comme un homme qui a perdu son passé et qui désespère de son avenir. Inhabile à trouver une voie de salut, et incapable de prendre une détermination, il se laissait aller à l'impulsion du moment, sans avoir la force ni la volonté de faire un pas en arrière. Ainsi font la plupart des êtres faibles et passionnés : ils prennent les penchants de leurs cœurs, auxquels ils s'abandonnent, pour des inspirations providentielles; ils se mettent à vivre d'une existence passive qui est une négation du libre arbitre; puis, quand la douleur étreint leurs poitrines et courbe leurs fronts jusqu'à terre, ils se justifient en blasphémant avec le poète : *Sic voluere fata* : Le sort l'a voulu ainsi.

Sur ces entrefaites, il reçut une lettre d'Italie dans laquelle on le sollicitait de revenir à Rome pour peindre les fresques d'un palais que le cardinal *** venait de faire construire. Il communiqua cette lettre à M. de Reillanne, qui lui dit avec émotion :

— « Déjà partir ! mon ami, serez-vous assez fort pour affronter impunément le climat de Rome, et pour reprendre vos longues veilles d'artiste ? Attendez quelque temps encore; je ne puis vous offrir, il est vrai, qu'une hospitalité sans éclat, mais peut-être trouverai-je l'occasion de m'acquitter envers vous d'une partie de ma dette. S'il y a de l'égoïsme dans cette pensée, pardonnez-le moi... »

Tant de noblesse d'ame, et une générosité si aimable pénétrèrent Joseph :

— « Partons, dit-il en lui-même, il y aurait de l'ingratitude à balancer encore. Albert est digne de ce sacrifice. ».

Il eut la pensée de faire à son ami l'aveu de sa passion ; mais la timidité, ou l'impérieuse destinée l'en empêchèrent. Il se retira dans sa chambre, et écrivit à Anaïs la lettre suivante :

« Je vais bientôt quitter la France. Me par-

» donnerez-veus d'être parti sans vous revoir? » Je puis écrire le mot : Adieu. Je n'aurais » pas eu la force de le prononcer. La sépara- » tion par la mort est cruelle, sans doute, mais » elle trouve son prétexte dans les décrets du » ciel ; tandis que la séparation par l'absence, » suicide anticipé, que le devoir ordonne et » que le cœur repousse, entraîne des regrets » sans consolation.

» Et pourtant il fallait partir... Si une fois » encore je vous avais revue, si je m'étais re- » trouvé sous votre toît, si je vous avais entendu » parler des choses du ciel comme un ange » banni, alors c'en était fait ; nulle puissance » humaine n'aurait pu me contraindre à m'éloi- » gner de S...

» Je l'ai dit ; je ne vous verrai plus... Mon

» cœur se brisera peut-être, et ce sacrifice sera » le dernier, mais j'ai besoin que le ciel me » tienne compte d'un effort suprême...

» Anaïs, souffrirez-vous autant que moi de » l'absence? Donnerez-vous chaque jour une » pensée à l'infortuné qui va chercher sous un » autre ciel, le repos qu'il ne peut trouver » dans sa patrie ?... Le repos, ai-je dit? je « n'ose l'espérer... Il est des sentiments qui, » en passant sur l'ame, y laissent des douleurs » que rien ne peut guérir, si ce n'est Dieu, ou » le trépas.

» Je pourrais trouver en France, aussi bien » qu'en Italie, des retraites sacrées, où une » croix suffit aux yeux, un nom à la bouche, » une prière au cœur; mais je ne demanderai » point au cloître l'oubli de mes mauvais jours;

» je craindrais trop de mêler aux amertumes » de la pénitence l'illusion des souvenirs : je » dois rester dans le monde, seul... et sans que » personne puisse dire quelles ont été mes souf- » frances, mes fautes et mes pensées.

» Je reverrai bientôt cette atmosphère chaude » et limpide, ces horizons éclatants et doux, » cette ville aux ruines géantes et aux magnifi- » cences désolées, où l'on ne vit que pour admi- » rer et pour sentir, et où l'esprit s'élève par la » contemplation de la nature et des arts. Hélas ! » toutes ces influences ne seront-elles pas per- » dues pour moi, et ce vaste soleil de la pen- » sée ne s'éclipsera-t-il pas à mes regards affai- » blis ? Je croyais avoir souffert assez..? Mon » Dieu ! que me réservez-vous encore ?

» Il y a moins de malheur dans votre desti-

» née, Anaïs; vous ne quitterez point le toît » de S... Vous vivrez où votre mère a vécu, » vous mourrez où elle est morte; chaque jour » vous aurez pour sa tombe des fleurs et des » larmes pieuses, et vous conserverez avec le » souvenir de sa tendresse et de ses vertus, l'es- » pérance de la revoir dans une autre vie.

» Pardonnez-moi ce que je vais dire : Il faut » à votre jeunesse un protecteur et un soutien. » Albert vous aime, sans doute, et vous l'ai- » merez un jour. Comment ne l'aimeriez-vous » pas?... Il est si bon, si généreux, si beau !.. » Vous deviendrez l'épouse heureuse et fière » d'Albert. Heureuse, ai-je dit? Oh! oui, soyez » heureuse, Anaïs; heureuse avec mon ami.

» Lorsque dans l'avenir vous jouirez du » charme qu'il répandra sur vos jours, songez

» qu'en sauvant Albert, je vous ai fait ce bon-
» heur à tous deux. Je ne vous demande point
» de regrets, mais seulement une prière au ciel,
» pour qu'il me fasse miséricorde...

» Je pars, emportant le tissu de soie dont
» vous entourâtes ma main blessée. Il sera le
» confident de mes pleurs et de mes tristesses;
» il recevra mon dernier soupir, me suivra jus-
» que dans la tombe; et si Dieu nous réunit par
» de là ce monde, vous le retrouverez sur mon
» cœur, encore imprégné de mon sang et de
» votre souvenir.

« Il est un mot que ni vos lèvres ni les mien-
» nes n'ont osé prononcer; ce mot ne tombera
» pas de ma plume. On le dit au retour, mais il
» fait trop souffrir au départ. Adieu, dirai-je
» seulement... Adieu! c'est-à-dire, espérez et
» croyez, car tout le bonheur est là. »

Il joignit à cette lettre celle qu'il venait de recevoir d'Italie, et il les fit porter sur le champ au château de S... Le lendemain, vers le milieu du jour, on lui remit de la part de la comtesse un billet ainsi conçu :

« Ce soir, quand tout le monde reposera à
» Champclos, prenez le chemin de S..., venez à
» la petite porte du jardin qui donne sur la prai-
» rie; vous la trouverez entr'ouverte : je vous
» y attendrai.

« ANAÏS. »

Ce peu de mots jetèrent Joseph dans un trouble inexprimable. Quelle pouvait être la pensée d'Anaïs en lui demandant une entrevue au milieu de la nuit, et dans un lieu solitaire? Anaïs si timide, si réservée jusqu'alors, et dont la conscience s'alarmait de l'ombre même des fautes! Comment expliquer un changement si subit et une dérogation si formelle à ses habitudes de jeunes filles? L'artiste ne pût voir dans cette démarche que l'indice d'une résolution extrême.

Le reste de cette journée lui parut bien long, car un doute le tourmentait. Vers le milieu de la nuit, lorsque toutes les lumières de Champclos se furent éteintes, il descendit dans le parc, en franchit les murailles et prit, à travers les champs, le chemin de S... L'air était tiède; le firmament, parsemé d'étoiles, ressemblait à un vaste manteau de théâtre brillanté de paillettes d'argent. Joseph précipitait sa marche, comme s'il eût cherché dans la fatigue de son corps, un dérivatif à ses peines intérieures. En approchant de S... Il quitta l'avenue du château, fit le tour de l'édifice, et, traversant la prairie qui bornait le jardin, il vint droit à la petite porte qui lui avait été désignée. Cette porte était en effet entr'ouverte; il la poussa doucement et il entra dans le jardin. Aussitôt une ombre blanche, et semblable aux sylphides que l'on voit en rêve, s'avança vers lui, prit une de ses mains, et, sans prononcer une parole, le conduisit sous une épaisse charmille où elle le fit asseoir à ses côtés sur un banc de gazon.

Anaïs fut la première à rompre le silence :

— Il est donc bien vrai que vous retournez en Italie ?

Joseph répondit par un geste affirmatif.

— Me pardonnerez-vous, reprit-elle, la démarche que je fais en ce moment ? Le monde me trouverait blâmable sans doute, et pourtant il fallait vous voir... Je crois que je serais morte si vous n'étiez pas venu.

Il y avait des larmes dans sa voix. Elle fit une pause, puis elle ajouta avec un accent indéfinissable :

— Vous êtes resté trop longtemps à S..., maintenant il est trop tard... Mon Dieu! je suis bien malheureuse...

Joseph se pencha vers elle, et ne pouvant résister à tant d'amour et de tristesse, voulez-vous que je reste? demanda-t-il, dites un mot, vous serez obéie.

Elle jeta sur lui un regard où le doute se mêlait à un indicible tendresse; puis, secouant la tête, elle reprit :

— Oh ! non, je ne veux pas que vous restiez, cela ne se peut pas... Vous vous devez à votre art, à votre génie. Que trouveriez-vous à S...? Quel esprit comprendrait le vôtre ? Qui pourrait vous rendre tout ce que vous donneriez ? Ce serait une existence morte, sans éclat, sans émotions grandioses, de laquelle vous gémiriez plus tard, et dont je deviendrais responsable aux yeux de tous. Joseph..., vous partirez ; il le faut, dussai-je en mourir. Eh puis ! qui sait ? Dieu soutient les faibles, et il prend pitié de ceux qui le prient... Je le prierai tant ! Peut-être ne serai-je pas tout à fait malheureuse. La pensée a des aîles promptes, et les grandes distances ne séparent que les oublieux. Absent, je vous suivrai au delà des monts ; je serai avec vous au milieu des ruines et dans les palais de Rome ; je prendrai part à vos succès, je m'enivrerai de vos triomphes, et si votre nom nous parvient entouré d'un reflet de gloire, mes yeux trouveront encore quelques larmes de bonheur. Et maintenant, adieu. Rappelez-vous parfois le jour où vous me vîtes mourante, et où, d'une pauvre fille, vous fîtes un ange montant au ciel. Les lettres d'Albert vous parleront de moi, car Albert sera toujours mon ami, mon frère...; mon frère, entendez-vous? Si dans quelques années, lorsque s'effaceront vos souvenirs de France, une lettre de lui vous annonce qu'il n'a plus de famille, et que sa sœur est morte. Oh! alors ne pleurez pas, Joseph, car en rejoignant sa mère la pauvre fille aura cessé de souffrir.

— Le sort en est jeté, s'écria l'artiste avec une véhémence extrême, je ne partirai pas.

Anaïs dût se repentir de ses paroles, car elle s'efforça d'ébranler la résolution de Joseph; mais elle ne put y parvenir.

— Je l'ai juré, je ne partirai pas, répétait-il.

— Écoutez-moi, reprit la comtesse, après un instant de silence, ce que je vais dire est peut-être une inspiration de l'enfer, et pourtant cette idée me rend la plus heureuse des femmes. O ma mère, conseille-moi! Joseph, mon ame s'est agrandie au contact de la vôtre, et il existe entre nous un lien mystérieux que la mort seule peut briser. Je suis libre, et je ne dois compte de mes actions qu'à Dieu. Laissez-moi vous suivre en Italie; laissez-moi vivre toujours comme j'ai vécu pendant quelques mois, prenant une part de vos peines et une part de votre bonheur... Le monde dira que j'ai été au devant de la honte, et que je me suis perdue; mais que me fait l'opinion des hommes? Que trouverai-je en eux pour me dédommager de votre absence? Vous le savez comme moi, car vous avez entendu les paroles de M. Remy...

Voyez-vous? Joseph..., je connais cet homme. Chaque jour, après votre départ, il viendrait avec l'arme du ridicule chercher votre souvenir jusque dans mon cœur. Ah! éloignons-nous... Partons ensemble...; pourvu que la conscience me reste, je vous sacrifie sans regret tous mes intérêts de ce monde. Si vous me laissez pure devant Dieu, si je puis sans rougir arrêter mon regard sur vous et prononcer votre nom dans ma prière, Joseph..., je vous le dis encore, vous m'aurez rendue bien heureuse.

La voix d'Anaïs était devenue suppliante, mais suppliante avec enthousiasme. La jeune fille avait disparu pour faire place à la femme ardente et résolue, qui cède au cri de la passion et qui repousse loin d'elle les entraves du devoir et de l'habitude. Ses dernières paroles avaient jeté Joseph dans une sorte d'ivresse mêlée d'effroi. Pendant qu'elle parlait, il lui sembla qu'un esprit de l'air murmurait à son oreille le nom d'Albert de Reillanne, et à ce nom il crut sentir le remords pénétrer dans son cœur comme une froide pointe d'acier. Mais cette impression ne fut pas de longue durée. Il y avait tant de magie dans les accents de la comtesse, tant d'entraînement dans sa prière! Immobile et respirant à peine, Joseph contemplait ce visage dont l'éclat réfléchissait, comme une glace, les lueurs blafardes de la nuit. Par instant, il se penchait vers elle pour boire son haleine, et pour sentir glisser sur son front une boucle de cheveux que l'air faisait ondoyer sur le front de la jeune fille. Tout à coup sa vue se troubla, ses idées se perdirent, et avant même d'avoir subi l'épreuve d'une tentation, ses bras enlacèrent la taille d'Anaïs, sa poitrine exhala ce râle de volupté dans lequel se concentre toute la vie qui est en nous, et ses lèvres frémissantes se posèrent convulsivement sur les lèvres entr'ouvertes de la comtesse... Elle poussa un cri étouffé, et l'imminence du péril décuplant ses forces, elle se dégagea des bras de Joseph, et fut se placer à l'extrémité du banc sur lequel ils étaient assis.

— Vous partirez seul, s'écria-t-elle avec désespoir, ô ma mère ! ma mère !

Mais lui vint tomber à ses genoux, prit une de ses mains dans les siennes, et la posant sur son cœur, qui battait à briser sa poitrine, il adjura la comtesse de rétracter cet arrêt de mort. Ce qu'il lui dit, la plume ne saurait le reproduire. C'était de ces paroles qui tombent de cœur à cœur, brûlantes comme la lave d'un volcan; mais qui se refroidissent en passant par des lèvres calmes. C'était de ces cris de l'ame, de ces effusions ineffables, qui composent une hymne sublime dans les situations extrêmes, et une parodie burlesque dans les situations ordinaires. La comtesse pleura... Elle sentait son cœur mollir et sa tête s'égarer. — Oh ! assez..., fit-elle en posant une main sur les lèvres de Joseph.

Il se releva, et s'assit de nouveau sur le banc auprès d'elle. Tous deux se taisaient. Tout à coup s'arrachant à sa rêverie : — Insensée ! s'écria la comtesse avec l'expression du découragement, qui me dira votre vie passée, vos sympathies, vos liens? Peut-être une autre femme a-t-elle acquis sur vous des droits imprescriptibles contre lesquels mon amour irait se briser... Folle! folle de vous engager ainsi tout mon avenir !

L'artiste frissonna, et pourtant il eut la force de répondre : — Je suis libre, et nulle femme n'est rien pour moi. Ne vous ai-je pas dit que j'étais seul au monde ? Quant aux secrets de ma vie, je vous les dirai si vous l'exigez ; mais si vous alliez ne plus m'aimer ensuite...

— Ah ! ne me les dites pas, s'écria-t-elle, ne les dites jamais.

En ce moment la lune se levait ; ses clartés douteuses se répandirent à travers le feuillage, donnant à tous les objets des formes et des couleurs fantastiques. Joseph jeta sur la comtesse un morne regard, et d'un son de voix qui la fit tressaillir, il lui dit :

— Pourquoi portez-vous toujours une robe blanche ? Cette couleur me fait mal. Puis il étendit son bras vers elle, et avec une indicible amertume : — Entendez-vous, dit-il, entendez-vous ces refrains joyeux, cette folle et frémissante musique? Ce sont des chants d'amour... je le sais... on me l'a dit. Tenez, les voilà tous deux à cette fenêtre. Il montrait le pavillon du jardin. — N'est-ce pas que cette femme est belle... bien belle, en vérité? Ecoutez; ils se parlent à voix basse... Ah! si je pouvais les entendre!... Mais vous voyez bien qu'ils s'aiment... Ils s'aiment, comprenez-vous? Et il serrait les poings avec fureur.

— Les lumières commencent à s'éteindre, continua-t-il, elle sortira bientôt... La voiture traverse l'avenue... Ah! si elle allait m'échapper! Non... la voiture est vide, personne encore... La porte s'ouvre... les voilà tous deux... Ils se disent adieu, ils s'embrassent... Ah! tout l'enfer est dans mon cœur... Regardez-la maintenant... Elle s'avance dans l'allée... Ses longs voiles de fête et sa blanche parure ondoyent sous le vent... Du sang!... du sang!... il me faut du sang, s'écria-t-il avec un éclat terrible, et il se leva pour s'élancer au devant du fantôme de son imagination. Mais cet affreux délire avait brisé ses forces; il chancela, et retomba sans connaissance sur le banc.

Anaïs, tremblante comme les feuilles que le vent de la nuit froissait autour d'elle, soutenait entre ses bras la tête de Joseph; elle essuyait son visage inondé d'une sueur froide, et lui prodiguait les noms les plus doux. Insensiblement il revint à lui, et il ne put retenir un cri de terreur en apercevant à ses côtés une ombre blanche dont le regard épiait le sien. Mais la voix d'Anaïs le rendit à ses souvenirs. Il s'inclina vers elle, la regarda fixement, passa la main sur son front et dans ses cheveux :

« Ah! c'est vous, Anaïs, dit-il, c'est bien

vous... Si vous saviez quel rêve affreux... J'ai tant souffert que j'ai cru mourir... Ce n'était qu'un rêve.., je le vois bien maintenant. Mais si cette affreuse vision doit me poursuivre encore, Anaïs, demandez à Dieu qu'il me donne la mort au réveil. »

La comtesse ne parlait ni n'entendait plus, dominée qu'elle était par la plus étrange fascination. Quel sens fallait-il attribuer aux paroles qui venaient d'être prononcées devant elle? Joseph était-il coupable ou malheureux, ou simplement le jouet d'une chimérique terreur? Dans le premier cas, elle pensait au crime pour le pardon, au désespoir pour la pitié, et elle enviait presque le sort de Méhala, cette sublime épouse dont la voix endormait les remords d'un fratricide. Si la mission des anges consolateurs est belle auprès de la vertu, que sera-t-elle donc auprèsdu crime?

Les malheurs de Joseph venaient-ils au contraire de son imagination ou de sa destinée ? Mais alors était-ce mal qu'un autre cœur interrogeât le sien, et qu'une voix amie murmurât à son oreille ? — « Tu souffres, laisse-moi souffrir de ta souffrance : Ton passé fut triste et le mien fut beau... je veux oublier mon passé... Ton avenir est à jamais flétri... je flétrirai le mien pour que toi et moi nous ne soyons qu'un. » En agissant de la sorte, Anaïs ne participerait-elle pas à cette existence mystérieuse et pleine que le ciel a fait aux ames poétiques ? Ne serait-elle pas initiée à des secrets divins et aux intuitions incomprises d'un esprit supérieur ? Au reste, ces alternatives plus ou moins sophistiques n'étaient qu'en sous-ordre dans la pensée d'Anaïs. La passion occupait les premiers plans, la passion qui, faussant les principes et dénaturant les causes, lui faisait voir l'héroïsme dans l'imprudence, le dévoûment dans la faiblesse, et l'abnégation dans l'oubli de ses devoirs. Pour tout dire en un mot, Anaïs était femme. Ce mot doit expliquer, même chez la moins imparfaite, toutes les anomalies du sentiment.

Les rayons de la lune étaient devenus plus pâles, et le jour commençait à poindre. Anaïs se leva. — « Il faut nous séparer, dit-elle, mais non pas pour longtemps. Cette nuit, une voiture, venant de S..., s'arrêtera devant Champclos... attendez-la sur le bord de la route : dans quelques heures, nous serons de nouveau et à jamais réunis. Tenez, Joseph, voilà un anneau qui me vient de ma mère, et qui m'est plus cher que tous les biens de ce monde... gardez-le jusqu'à ce soir. Ma résolution est invariable, sans doute, mais ce gage entre vos mains me dispensera de tout regret. » En parlant ainsi, ils approchaient de la petite porte du jardin : —

« A ce soir, mon ami, murmura la comtesse.
— A ce soir, répondit Joseph d'une voix presqu'inintelligible. Et ils se séparèrent.

Vers le milieu de la nuit suivante, une calèche de voyage, partie du château de S..., et traînée par deux chevaux rapides, suivait la route qui longe le parc de Champclos. A son approche, un homme qui se tenait immobile au pied des murailles du parc, vint se placer au milieu de la route, et, sur un signe qu'il fit au cocher, celui-ci descendit de son siège, et ouvrit à l'inconnu la portière de la voiture. Une femme s'y trouvait seule. — « Joseph, dit-elle au nouveau venu qui prenait place à ses côtés; vous le voyez... j'ai foi en vous, car je suis partie seule. Je quitte ma patrie sans regret; mais je redoute la contagion des larmes, et je n'ai pas voulu que personne partageât mon exil. »

En parlant ainsi, Anaïs pressa de sa main brûlante la main froide de Joseph; mais celui-ci ne répondit pas. Le cocher était remonté sur son siège, et la voiture passait en ce moment devant l'habitation de Champclos. Une petite lumière brillait à une fenêtre, dans la partie du bâtiment occupée par le comte. Anaïs abandonna la main de Joseph, et couvrit son visage de son voile; mais lui ne fit pas un mouvement, car il se voyait vaincu par la destinée, et il sentait bien qu'il ne pouvait plus vivre de sa vie, ni admettre aucun sentiment personnel.

Au point du jour, ils atteignirent une petite ville, dans laquelle ils s'arrêtèrent pour prendre des chevaux de poste. Anaïs renvoya son domestique, après lui avoir confié ses dernières instructions, et une lettre à l'adresse du comte de Reillanne. La matinée était fort avancée lorsque cet homme repassa vis à vis Champclos.

Là il mit pied à terre, s'acquitta de sa commission, et, remontant à cheval, il revint à S... sans débrider.

III.

Le comte se trouvait seul dans son cabinet lorsque la lettre de sa cousine lui fut remise. Il rompit le cachet ; mais dès les premières lignes son visage changea de couleur, et le papier lui tomba des mains. Il y revint presqu'aussitôt, et cette fois, il le lut entièrement. Alors il se leva, et, hors d'état de proférer une parole, il parcourut à grands pas l'appartement, froissant la lettre entre ses doigts crispés.

— « Oh ! Anaïs, comme vous m'avez trompé! s'écria-t-il enfin, que vous avais-je fait pour vous méfier ainsi de moi? N'étais-je donc plus votre ami? Vous l'aimiez, dites-vous? et comme il était pour une part dans toutes vos espérances, vous avez voulu vivre de sa vie, penser de sa pensée, croire de sa foi. Et moi aussi je l'aimais; car il avait exposé ses jours pour sauver les miens, et son ame renfermait les plus sublimes dons du ciel. Vous l'aimiez... et vous dites que votre mère l'eût nommé son fils!... Que ne parliez-vous alors? Un mariage eût légitimé le penchant de votre cœur; j'aurais supplié Joseph de devenir mon frère, et, en vous donnant à lui, j'aurais cru lui payer une partie de ma dette. Mais non... Vous avez fui comme une coupable; vous vous êtes dit : « Il serait de trop entre nous deux, et son amitié gâterait notre amour. » Ah! c'est mal, Anaïs, c'est bien mal, et je ne croyais pas mériter tant d'oubli. »

Son visage, si calme et si beau, s'assombrissait de plus en plus. — Sans doute vous étiez la maîtresse de vos sentiments, ajouta-t-il du ton de la fierté blessée, et vous en avez fait ce qu'il vous plaisait; c'est bien, mais mon nom, mais le nom de votre père, voilà ce qui n'était point à vous; et ce nom, vous le jetez à la merci du monde, deshonoré, flétri...

Il porta la main à sa boutonnière, arracha le ruban qui la décorait, puis, s'élançant au cordon d'une sonnette, il l'agita avec violence; un domestique se présenta.

— Détachez ce cadre et emportez-le, dit le

comte d'une voix brève; il désignait le portrait d'Anaïs peint par Joseph Deroches. Le domestique obéit. Pendant ce temps, le comte semblait être en proie à deux sentiments opposés, d'une part la tendresse et de l'autre le dédain. Il leva les yeux sur le tableau au moment où on le detachait de son support; il le suivit des yeux jusqu'à l'entrée de l'appartement, et, sur le point de le voir disparaître, il dit à l'homme qui l'emportait :

—Henry, posez-le doucement à vos pieds... là... prenez garde... c'est bien...; maintenant sortez. Le domestique s'éloigna. Le comte se plaça en face du tableau, et, croisant les bras sur sa poitrine, il le regarda quelques instants en silence, puis, prenant à deux mains le cadre, il contempla l'image de celle dont il avait bercé l'enfance, et tous ses souvenirs de S... l'assaillirent en même temps; bientôt, son émotion devenant plus vive, une larme d'attendrissement échappa de ses yeux et sillonna la toile. Albert était vaincu. Il remit en place le portrait d'Anaïs, et, s'arrachant à sa contemplation, il ne songea plus qu'aux moyens d'assurer le bonheur de sa cousine.

Le comte était capable d'avoir une opinion franche, arrêtée, profonde même, sur les hommes, sur les choses, et sur les théories quelles qu'elles fussent. Cette opinion, il savait la faire valoir au besoin et la discuter avec éclat. Mais dans le cercle de ses relations habituelles, il ne pouvait pas, sans se mettre en opposition avec lui-même, garder longtemps une pensée hostile. Dès son entrée dans le monde, il avait compris qu'il lui fallait choisir entre n'être rien et être homme de générosité et de vertu. Comme il ne manquait pas de sens moral, il avait mieux aimé être quelque chose. Cette sorte de gens, s'ils étaient plus nombreux, donneraient crédit à l'optimisme.

L'instant d'après on annonça le docteur Remy.

— Je sais tout, dit-il en abordant le comte, j'étais ce matin à S..., et, si les renseignements que l'on m'a donnés sont exacts, la comtesse et Joseph Deroches ont pris, au point du jour, la route de Marseille. Eh quoi! vous avez pleuré de cela, Albert? Moi, je ne sais rien faire que m'indigner. Demain je rirai peut-être.

— A quoi servent l'indignation et le rire? demanda le comte.

— A être juste et à raisonner ses sentiments; ce qui ne nuit jamais. Au reste, ce résultat était prévu et je ne m'en étonne point; seulement j'avais tout fait pour l'empêcher. Un homme tel que Joseph Deroches n'avait d'autre expectative raisonnable que celle d'arriver à l'isolement par la misanthropie. Il cachait au cœur une de ces maladies contagieuses qui se propagent avec d'autant plus de facilité qu'on les regarde comme un don du ciel et un privilège : triste privilège, en vérité! Entre la comtesse et vous il lui fallait une victime, et il a choisi la comtesse : voilà tout.

Albert déplia la lettre de sa cousine, et, la présentant au docteur : —Lisez, lui dit-il, vous verrez que Joseph n'a fait que céder aux sollicitations d'Anaïs.

—Et vous croyez cela, vous, Albert? dit M. Remy après avoir lu quelques lignes. C'est une banalité de penser et de dire qu'en amour les femmes reçoivent plus qu'elles ne donnent. Je vois ici la preuve du contraire. Anaïs a voulu conserver intacte dans votre cœur la reconnaissance que vous devez à Joseph. Elle s'est dit : « S'il y a faute, je m'en rendrai seule responsable; » et elle s'est sacrifiée. Avouez que c'est donner beaucoup pour recevoir je ne sais trop quoi. Au reste, cela pourrait bien être encore de l'égoïsme.

Il poursuivit sa lecture, et lorsqu'il fut au bout de la lettre, il se prit à hausser les épaules, disant : —Vraiment, il est impossible de concevoir rien de plus illogique. C'est de l'héraclitisme sans esprit, sans raison, sans excuse. Je puis admettre la folie dans le rire, mais dans les larmes, jamais. Prendre le Ciel à témoin, est une locution usuelle, et par cela même inattaquable; mais prendre le Ciel à partie, le rendre complice de nos méfaits, prétendre avoir agi sous son influence, cela constitue une impiété d'abord, et ensuite une méthode infiniment commode et rassurante pour les consciences timorées. Reste à savoir si Dieu veut bien se résigner à ce rôle de bouc émissaire. Je rencontre presque à chaque ligne de cette lettre une hyperbole idéologique, véritable fausse monnaie qui date de l'ère chrétienne, et qui a été mise en circulation par quelque rêve creux. Je conçois parfaitement que dans l'intimité du coin du feu, nos pères dissent à nos mères : *ma poule* ou *ma chatte*; car ces deux comparaisons, soit l'élogieuse, soit la satirique, étant également appréciables, peuvent être également justes selon les circonstances; mais ce servir du mot *ange*, de ce mot que toutes les mères prodiguent à leurs enfants et tous les amants à leurs maîtresses, sans penser que Satan était un ange aussi. J'appelle cela une profanation, ou la plus mystique de toutes les niaiseries.

Le docteur s'aperçut que ses paroles faisaient de la peine à Albert. —Au reste, ajouta-t-il, la comtesse est mineure, et nous pouvons la contraindre à se séparer de Joseph Deroches.

— Un éclat!... y pensez-vous, docteur? mais ce serait aggraver le mal; ce serait perdre à jamais la réputation d'Anaïs.

—Voyons... que ferez-vous alors?

—Après quelques jours donnés à des arrangements indispensables, je partirai pour l'Italie et je ne reviendrai que lorsque Joseph sera l'époux de ma cousine.

—Mais si ce mariage est impossible, si des liens antérieurs...

—Docteur, je connais Joseph; s'il n'était pas libre, il ne serait pas parti avec la comtesse.

—Je veux bien vous croire sur parole, mais tant de candeur, prenez-y garde, mène infailliblement aux déceptions. J'avais, moi, d'autres pensées sur Anaïs, et j'espérais que le maître de Champclos deviendrait un jour le maître de S...

—Je sais, mon vieil ami, que vous avez toujours été bon pour moi, répondit le comte en lui tendant la main, mais Anaïs m'appelait son frère; vous ne l'ignorez pas...

— Raison de plus... mon Dieu! combien cet homme vous a fait de mal!

Après un instant de silence le docteur se leva:
— Je suis forcé de vous quitter, dit-il, j'ai quel-

ques malades à voir dans les environs; peut-être vous verrai-je ce soir. Albert, méfiez-vous de votre ame, et mettez un frein à votre sensibilité. Adieu.

Cependant la chaise de poste partie de S... emportait vers Marseille Joseph et Anaïs. Tous deux se taisaient. Son instinct de jeune fille, maintenant qu'elle avait pris une résolution extrême, révélait à la comtesse tout le péril de sa position. La perspective d'un continuel tête à tête l'effrayait malgré son amour, et dans ce paradis des amans qu'on nomme solitude, elle entrevoyait de sombres jours. Joseph était dans les mêmes dispositions: ni sa voix, ni son regard, ni son geste, ne trahissaient rien de ce qu'il éprouvait. Le cœur absorbait tout en lui. Il donnait le change à sa passion, en s'occupant des menus détails du voyage, et en prodiguant à Anaïs, ces petits soins, et les attentions furtives qu'inspire la galanterie plutôt que le sentiment, et qui décèlent l'homme du monde, bien plus que l'amant ou le poète.

En arrivant à Marseille, il courut au port s'informer des départs pour l'italie. On lui dit qu'un bateau à vapeur devait partir le surlendemain pour Civita-Vecchia. Pendant ce laps de temps, il réfléchit, et par un de ces changements imprévus qui s'opèrent chez les organisations mobiles et facilement impressionnables, il prit tout à coup une autre résolution. Lorsque la pensée lui était venue de retourner en Italie, il comptait y retourner seul, et trouver l'oubli de la vie réelle dans l'étude des arts et dans la méditation. A cette ardeur incessante et fiévreuse qui dévorait sa jeunesse, il espérait substituer la soif d'une gloire impérissable. Rome la douloureuse lui semblait être elle-même une consolatrice, et dans cette cité des ruines, il voyait un lieu d'asile ouvert à toutes les souffrances. Mais à présent qu'une femme prenait la moitié de sa vie, n'avait-il pas cessé de s'appartenir? Joseph savait bien que deux grandes passions ne peuvent règner ensemble dans le même cœur, et il pressentait que le séjour de Rome tuerait infailliblement son amour ou sa réputation d'artiste. Or, une noble comtesse ternissait pour lui son blason : devait-il la récompenser par l'indifférence? et, d'autre part, fallait-il s'exposer à périr corps et nom, en se retirant du sentier des élus, pour s'attacher à la terre comme ceux qui ne pensent pas? à cela se joignaient des considérations d'un ordre moins élevé, mais non moins essentiel peut-être. Joseph était enfant unique : ses amis de Rome ne l'ignoraient pas. A quel titre leur présenterait-il Anaïs? serait-ce à titre d'épouse? A vrai dire il ne l'osait pas; car dans cette dénomination mensongère, il voyait presque un engagement pour l'avenir, et puis, il avait des pensées secrètes, et des souvenirs pleins d'amertume qu'il repoussait en frissonnant, et que le séjour de Rome ne manquerait pas de raviver. Dans cet état, il lui sembla qu'une ville tumultueuse lui conviendrait mieux qu'une ville morte, et il résolut d'aller à Paris. Toutefois il voulut consulter Anaïs, et il lui parla de son nouveau projet.

— Que me fait de rester à S... ou à Rome, ou à Paris? répondit la comtesse, ne serez-vous pas avec moi? Joseph, je vous l'ai dit, ma patrie est désormais au lieu où vous êtes; je ne veux, et je n'en demande point d'autre.

L'artiste sourit tristement, et dit : J'avais bien pensé qu'entre nous ce serait jusqu'à la mort.

Il se souvint d'avoir rendu en Italie quelques

services à un peintre distingué de Marseille. Il s'informa de sa demeure, alla le trouver, et par son intermédiaire il obtint un passeport pour lui et pour Anaïs, qu'il désigna comme sa sœur. Le lendemain il remontèrent en voiture, et prirent la route de Paris.

Certaines gens prétendent que voyager est un des joyeux passe-temps de la vie. Cette opinion est rigoureusement fausse, sauf pour ce qui concerne les voyageurs du commerce, dont le cosmopolitisme se résume en savoir faire l'article, critiquer et dévorer le menu des tables-d'hôte, et noircir les chambres d'auberge d'inscriptions plus ou moins érotiques. D'autres ont dit, ou plutôt un autre a dit que voyager est un des plus tristes plaisirs de ce monde. Cela n'est pas absolument vrai. Les impressions générales de voyage s'éloignent également de la folle joie et de la tristesse réelle.

Elles forment un *Mezzo termine* assez difficile à préciser, et auquel le mot de mélancolie conviendrait mieux, ce me semble, que tout autre. A chaque pas que fait le voyageur, des horizons nouveaux et des ectives chan8esens eperpste déroulent à ses yeux; à chaque pas il trouve des contrastes, mais des contrastes mélancoliques; là, c'est un toît de chaume dans le voisinage d'un palais; ici, c'est une ruine près d'un monument des arts, et partout la nature qui, gracieuse ou menaçante, envahit les retraites de l'homme, s'interpose dans ses travaux, et lui dispute la souveraineté de ce globe. Partout encore des vestiges du passé avec ses souvenirs de gloire, de terreur ou de pitié. Parfois aussi l'on rencontre sur le bord du chemin un tombeau placé là comme pour avertir ceux qui passent, qu'après le tumulte vient le repos, après la veille, le sommeil; en somme, les voyages moralisent par la mélancolie, et les agitations corporelles guérissent les agitations intérieures.

Joseph et Anaïs parcouraient une route large et poudreuse qui s'allongeait devant eux comme un interminable ruban. A droite et à gauche, leur regard embrassait des campagnes fertiles, quoique brûlées par les ardeurs du soleil, et à l'est ils apercevaient à l'horizon les cîmes neigeuses des Pics alpins. Par intervalles, ils rencontraient des vestiges de la conquête et de la domination romaine; tantôt des tronçons de colonne enchâssés dans de vieux remparts, tantôt un arc-de-triomphe que le maçonnage moderne prend, hélas! sous sa protection. A mesure qu'ils avançaient, des cultures nouvelles et des aspects nouveaux s'offraient à leurs yeux; puis, à quelque distance, le Rhône bordé de petites villes noirâtres, au front desquelles s'élèvent des édifices religieux dont les blanches façades ressemblent à des ames purifiées veillant sur une assemblée de démons (1).

Joseph ne laissait échapper inaperçu aucun des accidents du chemin. Tout lui prenait une pensée : le ciel, les monuments, les hommes. Il y avait similitude parfaite entre ses impressions et les impressions d'Anaïs ; ce qu'éprouvait la comtesse était, il est vrai, plus vague et plus indéfini ; mais, par une intuition mystérieuse, l'artiste lisait si bien dans son ame, qu'en l'écoutant, elle croyait penser et parler elle-même. Cette partie du voyage fut un enchantement pour tous deux, enchantement sans regret du passé et sans appréhension de l'avenir, car l'amour se taisait en eux, ou du moins il se divinisait par toutes les pensées qui détachent l'homme de la terre : soit le souvenir de

(1) Le bourg Saint-Andéol, Viviers.

ce qui n'est plus, soit la tristesse des villes qui croulent, soit l'éternelle beauté de la nature et du ciel.

Joseph voulut que la comtesse se reposât un jour à Lyon. Quelques heures après leur arrivée dans cette ville, ils passaient devant un édifice public aux abords duquel se pressait la foule ; cet édifice était le théâtre. L'on y donnait ce soir-là *Catherine Howard*, pour les représentations d'un acteur de Paris. Joseph ne connaissait ni l'acteur ni la pièce ; néanmoins il eût la fantaisie de louer une loge, et ils entrèrent dans la salle. Le spectacle commença par un vaudeville insignifiant : puis vint *Catherine Howard*. L'exposition de ce drame ne ressemble pas mal aux tableaux synoptiques de l'histoire d'Écosse et d'Angleterre ; mais à cette aridité scientifique succède bientôt la passion forte et saisissante qui se fait jour à travers une intrigue imprévue, originale, hardie. A mesure que le drame se développait, l'attention d'Anaïs devenait plus vive, et celle de l'artiste plus vive à la fois et plus douloureuse. Au moment où Catherine, *se faisant reine*, laisse tomber dans un gouffre la clef du tombeau d'Éthelvood, Anaïs se tourna vers Joseph, et lui dit :

— Cela est atroce..., monstrueux... Ce rôle ne peut être vrai...

— Anaïs..., ce rôle est vrai, répondit Joseph.

— Oh !... le croyez-vous?

— Il est vrai..., vous dis-je.

Ethelvood sorti du tombeau, et se montrant aux yeux de Catherine épouvantée, empêcha

Joseph de continuer. Pendant l'entr'acte qui suivit la comtesse remarqua sa pâleur.

— Vous paraissez souffrant, lui dit-elle; voulez-vous que nous sortions, mon ami?

— Non pas, répondit-il, à moins que le spectacle ne vous attriste ou ne vous ennuie. Nous avons vu la perfidie de Catherine, il est bon de voir la vengeance d'Ethelvood. Je ne sais, mais il me semble que cette vengeance sera terrible; cela est inévitable, et cela est juste. Quoi qu'il fasse, Ethelvood doit être excusé; car il sera moins coupable que malheureux. Ne pensez-vous pas ainsi Anaïs?

Cela dit, comme la toile se levait, il s'accouda sur le devant de la loge, et posant son front sur une de ses mains, il conserva cette attitude jusqu'à la fin de la pièce. Pas un mouvement, pas un geste ne décelait son émotion; seulement quelques gouttes de sueur froide brillaient sur son front. Mais lorsque le bourreau qui vient de frapper Catherine reparut sur la scène, et que, soulevant son masque, il découvrit à tous les yeux le visage d'Ethelvood, Joseph ne put retenir un gémissement qui fut entendu des loges voisines. Plus d'un regard se tourna vers celle d'où partait cette exclamation de douleur; mais l'artiste n'y était déjà plus.

Rentrés dans leur hôtel, Joseph se jeta aux pieds d'Anaïs, et lui dit avec une expression d'amère tristesse :

— Vous avez voulu me suivre; pauvre enfant, comment pourrai-je m'acquitter envers vous ? Ce n'est pas à un homme heureux que vous avez remis le soin de votre destinée. Vous le voyez, hélas! chaque heure m'apporte un souvenir, et chaque souvenir une larme...

Dans la situation d'esprit où se trouvait Joseph, il ne fallait qu'une parole d'Anaïs pour obtenir de lui l'aveu de son secret. Mais elle le vit si profondément ému, qu'elle n'osa pas l'interroger de crainte de mettre le comble à sa douleur. En outre, depuis qu'elle avait quitté S..., sa curiosité avait fait place à un sentiment plus réfléchi. Selon l'expression de Joseph, entre elle et lui c'était maintenant jusqu'à la mort; Anaïs le voyait bien, et elle hésitait à approfondir un mystère dont la connaissance pouvait devenir fatale à son amour.

Au sortir de cette crise, Joseph tomba dans un morne abattement. La pensée de se trouver au milieu d'une grand ville, exposé au contact et aux regards de la foule, lui devint odieuse. Le voilà donc encore changeant d'itinéraire et formant de nouveaux projets. Parmi ses impressions de voyage, les plus vagues mais les plus charmantes, étaient celles d'une promenade de quelques jours qu'il avait, jeune alors, fait en Suisse avec son père. Ce souvenir influa sur sa détermination : il prit un passeport pour la Suisse, et ils se mirent aussitôt en route.

Le désir de Joseph était de trouver un lieu de repos dont le ciel et les aspects lui convinssent aussi bien qu'à Anaïs ; surtout d'éviter les villes de passage, où le tourisme de tous les pays et de toutes conditions semble se donner rendez-vous. Aussi ne se dirigèrent-ils pas sur Genève ; mais remontant vers le nord, ils entrèrent en Suisse par le canton de Bâle. Ils s'arrêtèrent à quelques lieues de la frontière, dans une petite ville telle que Joseph la désirait, avec ses maisons neuves ornées de contrevents peints, cette ville formait un amphithéâtre mi-parti de blanc et de vert, qui s'élargissait à distance, et accusait nettement chacune de ses parties. Les toîts en étaient inégaux, espacés, entremêlés de terrasses et de jardins. On eût dit une ville française tombée du ciel; son entourage était tout suisse. Au nord s'étendait un entassement de montagnes dont l'ensemble offrait à l'œil les plus bizarres et les plus charmants contrastes : tantôt c'était une cîme arrondie, dépourvue d'accidents et comme façonnée au rabot; tantôt une pointe pyramidale, anguleuse, ardue comme une flèche, et sur le tout une couronne grisâtre de sapins. Plus bas, à mi-côte, sur le bord des escerpements, quelques châlets suspendus entre terre et ciel. Pauvres et humbles demeures que l'on croirait ravissantes, à en juger par ces miniatures de châlets en bois de Spa légèrement parfumé d'ambre, que des maris casaniers font venir tout exprès d'Allemagne, pour avoir le droit de refuser à leurs femmes un voyage en Suisse. Ce n'est pas davantage le châlet de l'Opéra-Comique, où des Kettly en jupons courts et au corsage enrubanné s'égosillent à faire du sentiment et des roulades. Les vêtements bariolés de la laitière suisse ne sont pas toujours, hélas! un indice d'élégance; le châlet a aussi ses mauvais jours, des jours où l'on ne chante pas, mais où l'on pleure en suppliant le ciel, car parfois on s'y trouve placé entre la double menace de l'avalanche et du torrent.

A l'est et au midi de la ville, le regard plongeait dans des vallées ombreuses, où les objets et les couleurs se confondaient dans un pittoresque mélange : ici des cascades, plus loin un lac, là des rochers, puis une prairie; et sur le dernier plan du tableau, des espaces de sombre verdure nuancée de teintes brunes et grisâtres.

Le peintre et la comtesse descendirent dans un hôtel situé au midi de la ville, le seul, au reste où pussent se loger les voyageurs. L'appartement qu'on leur donna se composait de deux pièces : l'une pour Joseph, et l'autre servant de salon et de chambre à coucher pour Anaïs.

Les premiers temps de leur séjour en Suisse furent délicieux : ils vivaient dans la solitude et ils s'aimaient... Les passions profondes, toujours avides de recueillement, s'isolent et se replient en elles-mêmes. Ce n'est pas le monde qu'il leur faut, car le monde les froisse de ses dédains. Il leur faut la solitude avec ses ombrages mystérieux et ses impressions contemplatives qui ne s'effacent plus jamais. On peut oublier ce qu'on ne voit qu'une fois, et en passant ; car la multiplicité des objets fatigue l'admiration et produit l'indifférence ; mais un monument ou un site que nous revoyons chaque jour, nous attache chaque jour davantage. C'est un ami auquel nous confions nos souvenirs et nos espérances, qui s'anime de notre joie, et qui semble pleurer avec nous.

Un soir qu'ils contemplaient, des fenêtres de l'hôtel, le magnifique panorama qu'ils avaient sous les yeux : — Anaïs, dit l'artiste, voyez-vous, là bas, sur la gauche, dans l'espace vide formé par une chaîne de vertes collines, une cîme isolée dont la végétation est si pâle, et dont les contours sont si doux à l'œil ? Ne dirait-on pas l'image de ces existences que le monde a flétries, et qui se retirent du monde pour mieux sentir leur douleur ? Et bien ! c'est vers cette cîme, et vers l'horizon qui resplendit autour d'elle, que se tournent à chaque instant mon regard et mes vœux : je leur ai confié ma pensée la plus chérie. Faites ainsi que moi, Anaïs, afin que le même aspect nous inspire à tous deux les mêmes sentiments et les mêmes désirs.

La comtesse se prit à sourire, et elle répondit en rougissant : — J'y ai songé...

— O. mon amie, reprit Joseph, dites-moi toute votre ame...

— Eh bien! poursuivit Anaïs, il m'a semblé voir plus d'une fois, là bas, sur cette cîme, un ermitage ignoré des hommes, une retraite simple et modeste comme nos destinées, dont le seuil regardait la France, cette patrie où reposent les cendres de ma mère. Puis, encore, dans cette demeure deux êtres qui se disaient heureux, parce qu'étant rapprochés du ciel, ils vivaient seuls avec la nature et Dieu... Tout cela était un rêve...

Joseph poussa un cri de joie : — Vous êtes poète, et vous m'avez deviné, s'écria-t-il; Anaïs, c'était mon rêve, à moi; mais écoute : nous sommes libres; ce rêve peut devenir une réalité. Oh! redis, redis encore que nous serons heureux...

Sur le champ ils convinrent de faire un pèlerinage à ce site que leur imagination avait singulièrement poétisé. Joseph voulait prendre un guide et une monture pour épargner à Anaïs la fatigue du chemin, mais elle s'y opposa, prétendant qu'elle était assez forte pour faire le trajet à pied. Le lendemain au lever du soleil ils se mirent en marche. Joseph avait eu soin de se munir d'un album, du repas de la journée, et de quelques indications relatives à la route qu'ils devaient suivre. Vus à distance, les lieux qu'ils parcouraient n'offraient aux regards que des perspectives confuses; mais à mesure qu'ils avançaient vers le terme de leur course, chaque objet prenait une forme imprévue et se dessinait tour à tour. Tantôt s'aventurant sur le bord des précipices, tantôt foulant une bruyère aride, tantôt glissant entre des anfractuosités de rochers, ils changeaient à chaque instant et de sol, et de végétation, et d'aspects. Lorsque leur route devenait difficile ou dangereuse, ou qu'elle présentait un obstacle inattendu, l'artiste se rapprochait d'Anaïs, la soutenait d'une main, veillait avec sollicitude sur chacun de ses pas; puis, quand le péril était passé, ou quand l'obstacle était franchi, il s'arrêtait pour contempler cette frêle créature dont le sein était palpitant d'émotion, et dont les traits, animés par la marche, avaient un charme ineffable. La vue d'un être humain au milieu d'un site sauvage, porte involontairement à la rêverie; mais lorsque cet être est habitué au luxe et à l'élégance des villes, lorsque c'est une gracieuse et délicate jeune femme, l'impression devient alors plus profonde, et le contraste plus saisissant.

Joseph se sentait pénétré d'un mélange d'ivresse et de langueur dont la douceur était infinie, mais auquel ses sens avaient plus de part que sa pensée.

Il y a des tentations impérieuses qui se présentent le front levé et qui subjuguent de prime abord. Mais il y a aussi des tentations hypocrites qui procèdent par déguisements, qui revêtent le mal des apparences du bien, et la douleur des formes du plaisir. Joseph comprit à quel péril il se trouvait exposé, et il s'efforça de donner à ses pensées une autre direction; mais l'impression était produite, et elle ne devait pas s'effacer de sitôt.

Parvenus au sommet de la montagne, ils se mirent à contempler le délicieux tableau qui se déroulait à leurs pieds. La petite ville qu'ils avaient quittée quelques heures auparavant, blanchissait au loin dans la brume. Joseph y chercha du regard leur demeure. Involontairement il se rappela l'esplanade de Meillerie, du haut de laquelle Saint-Preux distinguait le toit de son amante; mais ce lieu ne s'appelait point Meillerie, et Joseph n'était pas séparé d'Anaïs. Assis à côté d'elle, il pouvait, en étendant le bras, poser la main sur son cœur et en compter les battements... Puis ils étaient seuls... bien seuls... et ils s'aimaient... Cette pensée l'effraya. Il changea de place, et, ouvrant son album, il essaya de crayonner quelques points de vue; ils prirent ensuite un repas frugal, et, après quelques instants donnés au repos, ils redescendirent la montagne. Joseph hâtait le pas, comme un homme qui s'éloignerait d'une atmosphère contagieuse ou d'un sol prêt à s'entr'ouvrir. Anaïs comprenait-elle sa pensée? Nous ne l'affirmerons point; toujours est-il qu'elle semblait avoir des ailes, et qu'elle marchait d'un pas égal, dans les sentiers pierreux comme sur les espaces de gazon.

Rentrée dans son appartement, la comtesse se jeta dans un fauteuil, et elle dit à Joseph en souriant : — « Mon ami, notre ermitage sera bien éloigné de la ville, et nous n'aurons pas à nous plaindre des visiteurs indiscrets. »

L'artiste ne répondit pas; mais s'asseyant en

face d'elle, il se prit à la contempler de nouveau. C'est qu'il était impossible de rien voir de plus charmant que cette jeune fille : son visage avait un éclat merveilleux, et, sous ses longues paupières, son regard rayonnait comme une flamme. La pose de son corps exprimait cette voluptueuse langueur qui naît de la fatigue ou d'une émotion prolongée, et dont l'effet est irrésistible. Un frémissement nerveux s'empara de Joseph; ses sens furent bouleversés, et son cœur s'ouvrit de nouveau à la tentation. Pourtant il voulait résister, car il ferma les yeux pour ne plus voir la comtesse; mais, devant le regard de son ame, cette image apparut plus séduisante encore qu'elle n'était en réalité. Il comprit alors que la tentation serait terrible, et un cri de détresse s'échappa de ses lèvres.

— Qu'avez-vous? demanda la comtesse.

— Oh ! rien... dit-il.

Il se leva, et, s'approchant de la cheminée, il aperçut l'*Imitation de Jésus-Christ* qu'Albert avait donnée à sa cousine. Il ouvrit le livre; mais ses regards ne transmirent à sa pensée que des mots vides de sens et des phrases inintelligibles. Tout à coup, il se tourna vers Anaïs, et, d'une voix tremblante à laquelle il s'efforçait de donner une expression de raillerie :

— « Savez-vous, dit-il, que des armoiries gravées sur le frontispice d'un tel livre, équivalent à une tentation de réfutation, presque à un blasphème? Comment Albert n'a-t-il pas vu cela? Comment n'a-t-il pas été choqué de l'antithèse qui résulte de cette orgueilleuse enveloppe, mise en opposition avec les préceptes d'humilité que renferme l'ouvrage? Il me semble qu'une couronne d'épines conviendrait mieux ici qu'une couronne de comtesse.

— Ah! Joseph, répondit-elle, les couronnes de ce monde ont bien aussi leurs piquants, et ce n'est pas un front divin qui les porte. »

Ces paroles, prononcées avec l'accent de la tristesse, pénétrèrent Joseph, dont l'unique but, en se livrant à cette critique, avait été de donner le change à sa passion. Il eut regret de ce qu'il venait de dire; mais ce regret dura peu. Seul, en présence d'une jeune femme, pure comme les anges, belle comme les houris, il sentait, la robe de Déjanire s'attacher à ses flancs. La pauvre enfant dû comprendre le péril, car elle tourna vers lui un regard plein de supplication et de larmes. Alors il détourna les yeux, et, faisant un effort suprême, il sortit de l'appartement.

O vous que la volupté sollicite, et qui frissonnez comme Joseph sous l'aiguillon du désir, fuyez comme lui, fuyez la femme de vos rêves, celle qui sait tous les mystères de votre ame; car, dans ses bras, la coupe du plaisir ne vous offrirait qu'absinthe et que fiel, et, les besoins de votre chair assouvis, vous laisseraient en proie aux plus amères déceptions. Ces regards d'ange dans lesquels vous aimiez à lire, n'exprimeraient plus que la dégradation et le remords. Elle serait votre esclave, sans doute; mais, en brisant le piédestal sur lequel se trouvait placée votre idole, vous auriez détruit à jamais le prestige de votre amour. Que si, malgré les efforts de votre esprit, la passion vous maîtrise encore; si le cri de votre chair s'élève plus haut que le cri du devoir, mieux vaut alors aller heurter au seuil de la courtisanne aux seins nus, aux lèvres luxurieuses; qui se rira dans l'amour, et qui, pour un peu d'or, vous abreuvera de ses caresses. Vous aurez, il est vrai, perdu l'estime de vous-même, vous vous serez avili; mais, plus tard, lorsque votre chair vaincue subira de nouveau le joug de la pensée, vous passerez l'éponge sur vos souvenirs, et, arrachant de votre vie le feuillet impur, vous croirez avoir fait un rêve!

La petite ville suisse qui est le théâtre, nous ne dirons pas des événemens, mais des agitations morales dont s'occupe cette partie de notre histoire, se trouve bornée au levant, par un ravin dont les eaux tombant de cascade en cascade, prennent leur source à mi-côte d'une montagne voisine. Sur le bord occidental de ce ravin, s'étend une longue mais étroite esplanade que l'on a décorée, et cela sans hyperboles du nom de *belvéder*. Des fragmens de rochers superposés à hauteur couronnent l'abîme, et servent de garde-fou aux promeneurs imprudens.

Joseph, sorti de l'hôtel, prit au hasard le premier chemin qui s'offrit à lui, et bientôt il se trouva sur l'esplanade dont nous parlons. Le soleil venait de disparaître derrière un rideau de vapeurs; le ciel se voilait de nuages, et, vers l'horizon méridional, on entendait une sourde rumeur semblable au roulement d'un tonnerre lointain. Le vent qui soufflait de cette direction fraîchissait de plus en plus, et semblait apporter avec lui l'orage. Toutes ces voix de la nature, qui sont les précurseurs habituels d'un bouleversement atmosphérique ou souterrain, ne changèrent pas les dispositions de Joseph. Ni le bruit des eaux qui coulaient au fond du ravin, ni le ciel sombre, ni de magiques aspects ne l'impressionnèrent en ce moment. Il marchait à l'aventure, ne voyant ni n'ent endant rien, et comme soumis à l'impulsion d'une force motrice qui ne résidait point en lui. Tout à coup un homme vint à sa rencontre et tendit la main en prononçant d'une voix rauque quelques mots inintelligibles. L'artiste reconnut un pauvre idiot qu'il avait souvent rencontré dans ses promenades, et auquel il faisait d'ordinaire la charité. Cette homme, jeune encore, était doué d'une force athlétique. Il avait la poitrine et le cou nus, et, sous une barbe longue et noire, son visage laissait entrevoir des chairs fermes et rosées. Une forêt de cheveux couvrait son front bas et plat. Le dessus et le dessous étaient en parfait rapport : pas une ride n'avait sillonné le front; pas une pensée n'avait traversé le cerveau. La raison, ce rayon sublime émané de la divinité, s'était éclipsée pour lui dès l'enfance et l'avait laissé en proie aux instincts qui gouvernent la brute. La nature l'avait doté en compensation d'une grande vigueur de corps et d'une insensibilité qui le mettaient à l'abri d'une foule de petites misères qui sont le partage des autres hommes. De cette sorte, il respirait, mangeait et dormait, trouvant tout beau dans la nature, s'acheminant vers la mort sans avoir la conscience de la vie, et, ce qui vaut mieux que tout le reste, ayant la chance d'arriver en paradis sans être exposé à gagner l'enfer.

Joseph tira de sa bourse une petite pièce d'argent et la lui donna. L'idiot le remercia en hochant la tête et en souriant; mais ce sourire auquel l'intelligence n'avait point part, ressemblait au mouvement automatique qu'imprime aux lèvres d'une statue le jeu de quelque ressort caché.

—Il est heureux! pensa Joseph. Pourquoi ne suis-je pas cet homme?

Il le contempla quelques instants en silence, puis il s'appuya contre le parapet de l'esplanade, et ses regards plongèrent jusqu'au fond du gouffre. Au dessous de lui, dans une profondeur effrayante, l'onde mugissait en tombant sur un lit rocailleux. Joseph fut saisi de vertige. Dans le bruit incessant et solennel des eaux, il crut entendre murmurer son nom et il se pencha en avant comme pour converser avec cette voix mystérieuse qui l'appelait du fond de l'abime. Tout à coup ses oreilles tintèrent, ses regards s'obscurcirent, et ses pieds ayant abandonné le sol, la partie supérieure de son corps disparut en dehors du parapet. Peut-être la bonté divine allait-elle mettre un terme à cette existence de poète si misérable et si tourmentée, lorsque d'un bras nerveux l'idiot étreignit Joseph, et, l'enlevant avec agilité, le déposa sur l'esplanade. Il y avait dans cette action plus que de l'instinct; il y avait encore du sentiment, presque du calcul. En ce moment une goutte de pluie tomba sur la poitrine nue de l'idiot. Cette pauvre créature tourna vers le ciel un regard inerte, sembla réfléchir quelques instants, et dit avec une expression intraduisible :

— C'est Dieu qui fait pleuvoir...

— C'est vous aussi, ô mon Dieu, pensa Joseph, c'est vous qui avez mis dans mon sein ces flammes qui le consument et qui ne s'éteindront jamais. C'est vous qui m'avez donné la pensée, source de toute souffrance... c'est de vous que me viennent ces désirs qui rongent et ces agitations intérieures auxquelles notre frêle enveloppe ne peut résister. Pourquoi ne suis-je pas semblable à cet homme dont l'ame est morte en naissant, et qui n'a point goûté les fruits de l'arbre de science? Suis-je donc plus coupable, ou seulement plus malheureux que lui?

Sauf la tendresse maternelle, toutes les autres passions sont impies, sophistiques et mauvaises conseillères. Cette parole de l'idiot, qui semblait devoir inspirer à Joseph des sentiments de résignation, fut au contraire ce qui le perdit. Il se révolta en pensant aux richesses du cœur et à la part d'intelligence qu'il avait reçues du Ciel. La mesure lui parut trop pleine, le fardeau trop lourd pour ses forces, et, dans un de ces mouvements de désespoir contre lesquels la raison ni la volonté ne peuvent rien, il accepta d'avance sa défaite. Chose effroyable et qui ferait douter de tout, excepté de l'enfer! cette décision lui donna presque du bonheur; bien loin d'éprouver du remord, il se sentit pénétré d'une ivresse pleine de charme, et ces magiques accents vinrent frapper son oreille :

« Elle est jeune, elle est noble, elle est belle
» et elle t'aime, car elle a tout quitté pour toi.

» Paroles et regards, pensées du jour et rêves » de la nuit, tout son être, tout son cœur est à » toi. Lorsque assis auprès d'elle tu regardes » son sein qui s'enfle et qui s'abaisse, ses joues » qui se colorent, sa prunelle qui tremble; » lorsque tu lis dans ses yeux et ses désirs et son » amour, quelle puissance ennemie t'empêche » de goûter le bonheur dans ses bras? O! elle » et toi... perdus tous deux au milieu du » monde... Toi l'initiant à des mystères d'a» mour que toute femme redoute et brûle de » connaître; elle te prodiguant, avec les trésors » de sa beauté, les émotions les plus furtives » de son âme : vous auriez sur la terre un sort » à faire envie aux élus. Quand la coupe du » plaisir écume et bouillonne, il faut que la vo» lupté l'épuise ou qu'elle se dessèche sous l'aile » du temps. Jeune vieillard, attendras-tu pour » y tremper tes lèvres, que l'enivrante liqueur » soit tarie? Les années s'écoulent, la mort s'a-

» vance, et mourir sans avoir vécu c'est pas-
» ser d'un néant à un autre néant, c'est subir
» les transformations d'une matière inerte qui
» devient on ne sait quoi. Peut-être un jour,
» sur le gazon de la tombe, deux amants plus
» heureux et plus sages oublieront-ils au sein
» des voluptés que l'on passe vite ici bas. Ecoute
» encore... Il est un secret que les jeunes filles
« aimées racontent aux jeunes filles amoureu-
» ses : La vierge qui se donne pour la première
» fois, la fiancée qui fait avant le temps le sa-
» crifice de sa blanche couronne, passent au
» rang des esclaves ; infidèles ou volages, c'est
» le nom du premier amant qu'elles murmu-
» rent dans le plaisir, c'est toujours lui qu'elles
» voient en rêve ; c'est encore de lui qu'elles
» parlent quand l'âge a refroidi leurs sens, car,
» vois-tu, la possession est le complément de
» l'amour, et la jouissance est la consécration
» du sentiment. »

L'artiste sentait vibrer les fibres de son cœur, comme les touches d'un clavier sous le contact d'une main habile. Il ne souffrait, ni ne résistait plus; mais il rêvait à des étreintes d'amour, à des chairs blanches et rosées, à des lèvres frémissantes, à un délire sans fin. Il retourna vers l'hôtel, précipitant sa marche, et tremblant peut-être que la comtesse fût morte, avant qu'il arrivât. Son trouble l'empêcha de remarquer qu'il était suivi de loin par deux hommes qui se parlaient à voix basse, et qui ne le perdaient pas un seul instant de vue.

Lorsqu'il entra, Anaïs était en prières. A son approche, elle se leva, et, essuyant ses yeux mouillés de larmes, elle s'efforça de paraître heureuse et confiante, Joseph s'avança vers elle, et il dit :

— Anaïs, sois à moi...

Sa voix était brève, son regard fixe et brûlant. La comtesse pâlit, et elle baissa les yeux pour échapper à la fascination de ce regard. Joseph s'assit en face et auprès d'elle, et, forçant Anaïs à le regarder, il dit encore :

— Sois à moi... sois à moi...

Anaïs se sentit défaillir; néanmoins elle rassembla toutes ses forces, et, faisant quelques pas en arrière, elle se tint debout suppliante au milieu de l'appartement. A son tour il se leva, et, sans prononcer une parole, il mesura du regard la distance qui le séparait d'elle. Alors la pauvre enfant, tombant à genoux, les mains jointes :

— Épargnez moi, s'écria-t-elle, grâce, Joseph! grâce pour tous deux! »

Mais lui n'eut pas de pitié... Il s'inclina vers elle, étreignit à deux mains sa taille, et la soulevant avec vigueur, il colla ses lèvres aux lèvres tremblantes d'Anaïs. Sous cet âcre baiser, un frémissement convulsif s'empara de la jeune fille; d'une voix étouffée elle murmura le nom de sa mère, et elle resta suspendue sans connaissance entre les bras de Joseph...

Quelques mois auparavant un miracle avait sauvé le corps. Cette fois encore il fallait un miracle pour sauver l'ame. Le ciel ne fut pas en défaut. Au reste, miracle ou non miracle, nous racontons de l'histoire et nous ne songeons pas à disserter sur la valeur des mots : Hasard et Providence.

Joseph venait de déposer Anaïs sur le lit de l'alcôve lorsqu'un coup retentit à la porte de l'appartement. L'artiste écouta, frémissant de rage ; bientôt un autre coup se fit entendre plus fort que le premier. Alors il sortit de l'alcôve dont il tira sur lui les rideaux, et il courut ouvrir la porte. Deux hommes se présentèrent uniformément vêtus, et dont le costume, à l'exception de la coiffure, ressemblait à celui des gendarmes français. Ils étaient porteur d'un ordre en vertu duquel ils devaient procéder à l'arrestation d'un étranger coupable de vol. Il s'agissait, je crois, du caissier d'une maison de banque de Paris qui s'était enfui, emportant des effets pour une somme considérable. Cette fois la police faisait erreur ; cela n'est pas nouveau. Les deux agents expliquèrent en peu de mots, à l'artiste, l'objet de leur visite. Joseph les regarda d'un air hébêté : il ne les comprenait pas. On lui présenta l'ordre qu'il lut machinalement, et qu'il ne comprit pas davantage. Alors on lui demanda son passeport. Joseph était entré en Suisse sans qu'on s'informât à la frontière ni du lieu de son départ ni du but de son voyage. Il en fut de même à l'hôtel où il descendit. Discrétion inusitée, qui s'explique par le peu d'importance qu'offrait ce point de la frontière. L'artiste présenta à ses visiteurs le passeport qu'il avait conservé. Ceux-ci, en comparèrent trait par trait le signalement avec un signalement particulier annexé à l'ordre dont ils étaient nantis. Cet examen fut de tout point favorable à Joseph; car l'un des agents dit à l'autre :

— Ce n'est point cela... retirons-nous. »

En parlant ainsi, ils s'inclinèrent avec cette politesse officielle qui sait grimacer mais non sourire; et ils quittèrent l'appartement sans ajouter un seul mot.

Cet incident, dont le prosaïsme est inexprimable ; produisit sur Joseph l'effet trivial, mais décisif d'une forte aspersion d'eau froide. Il demeura quelques instants tout ahuri, comme au sortir d'un cauchemar : Puis songeant qu'une créature de Dieu était là, près de lui, étendue sans connaissance, il s'élança au cordon d'une sonnette, et il l'agita jusqu'à ce qu'il vit entrer dans la chambre une des femmes chargée du service de l'hôtel. Alors il écarta les rideaux de l'alcôve ; montra du geste la comtesse évanouie et s'éloigna précipitamment. L'état dans lequel se trouvait Anaïs ne demandait pas d'explication ; la cause en paraissait toute simple et naturelle : aussi la servante d'hôtel s'exclama-t-elle très haut et très impitoyablement sur le compte de la police et de ses employés... Lorsque Joseph rentra, la comtesse avait repris l'usage de ses sens et venait d'être mise au lit. D'un signe il fit retirer la femme qui se tenait debout auprès d'elle, et lui-même prit place à son chevet. Le visage d'Anaïs regardait le fond de l'alcôve. Elle ne se plaignait ni ne semblait pas souffrir, tant elle était affaissée sous le poids des émotions et de la fatigue. Joseph, le front appuyé sur une de ses mains, tomba dans une amère rêverie. Plus de résignation, plus d'espoir maintenant, plus de confiance en sa force morale : Il semblait que l'ouragan qui venait de passer sur son cœur en avait expulsé les plus nobles et les plus saintes résolutions. C'est là le propre des tentations mauvaises auxquelles nous cédons, soit de corps, soit d'esprit. Elles mènent à leur suite le découragement, et elles se servent de ces auxiliaires pour tenir en servitude les ames qu'elles ont une fois vaincues.

Anaïs s'était endormie et la nuit tombait :

nuit sombre, que rendait plus effrayante encore l'approche d'un violent orage. L'artiste alluma sa lampe, et quelques instants il écouta le vent gémir, et les ondées d'une pluie légère grincer aux vitres de l'hôtel. Tout à coup une plainte vint frapper son oreille : c'était la voix d'Anaïs, voix suppliante qui fit tressaillir Joseph, car elle disait encore : — grâce Joseph! grâce pour tous deux! » L'impression du danger qu'elle venait de courir poursuivait la comtesse jusque dans son sommeil. Pendant que ses lèvres murmuraient les mots que nous venons de reproduire, elle se souleva à demi sur son lit, et dans un de ces mouvements désordonnés auxquels la volonté ne prend aucune part, elle mit à nu ses blanches épaules et les merveilleux trésors de son sein. Une partie de ses cheveux tombant en boucles éparses flottait sur son visage brillant d'un éclat humide. Sa main droite soutenait sa tête penchée, tandis que l'autre reposait sur son cœur, comme pour en défendre l'accès. Dans cette attitude, cette jeune femme offrait à l'œil le spectacle le plus enivrant que regard d'homme puisse contempler. Mais Joseph détourna la tête sans faiblir. D'une main chaste, il ramena sur le sein d'Anaïs les voiles qu'elle avait écartés, et il sortit doucement de l'alcôve.

L'orage éclatait alors avec furie; le vent avait cessé pour faire place au bruit des eaux qui tombaient sur le toit de l'hôtel, et allaient se perdre tumultueusement dans le ravin à l'est de la petite ville. Joseph posa sa lampe sur la cheminée, et s'asseyant dans un fauteuil, il prit le livre de l'*Imitation*. Cette fois il ne s'arrêta pas aux armoiries qui ornaient le frontispice; mais il médita chacune des maximes profondément humanitaires, et pourtant si simples, qui composent tout le secret du bonheur que l'on peut goûter dans notre vallée de larmes. L'auteur de ce livre, quel qu'il soit, n'a pas toujours vécu de la vie des anges. Comme nous, il a été en butte aux désirs passionnels et aux affections terrestres; comme nous, il a lutté corps à corps avec les inspirations de la chair, et de cette lutte il est sorti triomphant. Puis il s'est fait dans son cœur une Thébaïde inaccessible aux vaines rumeurs du monde; et de là regardant la terre petite, il s'est pris de pitié pour nous, et il a voulu nous enseigner le bonheur par le mépris des biens corporels et par l'attrait des choses impalpables. Sublime et dernière expression du spiritualisme!... C'est dans la mort qu'il nous a fait voir le secret de la vie. Car mourir aux amitiés du monde et de la famille; mourir à la fortune, aux hommes, aux plaisirs, c'est préluder par des actes d'un égoïsme bien entendu, à cette séparation solennelle qui doit nous faire vivre à jamais. Nous tous, mondains qui méprisons les destinées religieuses, parce que nous ne les comprenons pas, nous frissonnerions à entendre cette parole profonde que les hommes du cloître, sentinelles avancées de la vie, répètent à chaque instant pour se tenir en garde contre l'ennemi commun. Ce qui n'est pour nous qu'un avertissement funèbre et odieux, est pour eux le cri de l'espérance et l'annonciation d'une éternelle félicité. Joseph trouva dans cette lecture du repentir pour le passé et de bonnes résolutions pour l'avenir. Au moment où il ferma le livre, l'orage s'apaisait à la fois dans le ciel et dans son cœur, et l'on n'entendait plus que le bruit des cascades qui s'engouffraient avec fracas dans le lit du torrent.

Pourtant, il faut le dire, hélas! un homme de

science, un observateur matérialiste qui aurait suivi pas à pas les diverses phases de la crise morale que nous venons de raconter, n'aurait pas manqué de trouver ridicules les causes que nous assignons à sa venue et à son terme. Il suffisait pour cela de prendre Joseph au commencement de la journée qui venait de finir. On eût remarqué dès lors l'influence variable mais incessante que l'état du ciel exerçait sur son organisation. La molle limpidité de l'atmosphère, la tiédeur énervante de l'air, eussent donné la raison de cette langoureuse volupté et des aspirations d'amour auxquelles Joseph s'était abandonné pendant sa promenade de la veille. Puis au retour, à mesure que sa passion devenait plus impérieuse, il eût été facile d'en suivre les développements, toujours par les variations atmosphériques. Plus tard, ce fut au moment où les premières rumeurs de l'orage se firent entendre, que Joseph, haletant de désirs et brisé par de longs combats, céda tout à coup, nous ne dirons pas à la tentation, mais à l'excès de la souffrance. Vint ensuite l'étrange incident d'une visite domiciliaire qui servit de pause entre deux gammes de passion, l'une ascendante et l'autre descendante; car Joseph commença dès lors à reprendre de l'empire sur lui-même. En procédant de la sorte, à l'aide d'expériences barométriques, tout homme de science aurait vu dans chaque période de la crise, l'influence d'une cause matérielle. Puis, résumant ses observations, il eût doctoralement exposé que le principe des affections passionnelles ne réside point en nous, et qu'il n'agit pas autrement sur l'âme, que par la corrélation nécessaire qui existe entre l'âme et la pensée. Pour nous qui ne sommes et ne serons jamais hommes de science, nous répugnons à croire que notre damnation éternelle dépende d'un atmosphère plus ou moins variable. Mais cela fût-il vrai, nous garderions l'espérance et nous dirions avec l'idiot : — C'est Dieu qui fait pleuvoir. »

Le jour commençait à poindre. Joseph éteignit sa lampe, et il se glissa dans l'alcôve, à petit bruit, comme une mère qui veille sur son enfant. Le sommeil d'Anaïs était devenu plus calme, sa respiration plus facile, et son teint avait perdu cette rougeur ardente qui dénote la fièvre. L'artiste s'assit au chevet du lit, et il reposa son front sur l'oreiller, si près du visage d'Anaïs, que le souffle de la comtesse venait tiédir ses cheveux. Pendant quelques instants, son regard, fixé sur elle, suivit avec amour chaque ligne du profil auquel il touchait; puis insensiblement ses perceptions devinrent confuses, sa paupière s'affaissa, et l'image de la comtesse passa dans ses rêves. Il s'éveilla au grand jour, et ses yeux, en se rouvrant, se tournèrent vers Anaïs, dont le visage était baigné de larmes.

— Joseph, s'écria-t-elle douloureusement, j'avais foi en votre amour, et vous m'avez avilie, perdue à jamais... Je vous avais confié mon sort, espérant trouver dans votre ame de poète un sanctuaire impénétrable à la douleur. Cette pensée était de l'idolâtrie... Dieu m'en a punie, car je suis déshonorée. Maintenant il me faudra pleurer ma vie passée, les lieux de mon enfance, mes illusions déçues... Il faudra me séparer de vous, quand je ne serai plus aimée.» Ses sanglots étouffaient sa voix ; elle n'en put dire davantage. C'était trop de désespoir pour qu'Anaïs eût la conscience de ce qui s'était passé. Joseph comprit son erreur.

— Oh! ne parle pas ainsi, dit-il, en tombant

à genoux, et en s'emparant d'une de ses mains qu'elle lui abandonna, ai-je donc un seul instant cessé d'être ton ami, ton frère ? Anaïs, je n'ai point terni tes ailes d'ange, ni ton blason de comtesse : je le jure à la face du ciel, et au nom de ta mère qui veille sur nous.

Elle le regarda fixement, passa la main sur son front, comme pour y chercher un souvenir, et un rayon de joie vint illuminer son regard ; pourtant elle doutait encore.

— Ah ! je me souviens, dit-elle bien bas, j'étais à vos genoux, criant pitié ; puis je me suis trouvée dans vos bras, et j'ai senti comme un fer brûlant se poser sur mes lèvres. Alors ma tête s'est perdue, et j'ai cru mourir. Plus tard, lorsque j'ai repris connaissance, et que la nuit est venue, un délire inexprimable a ravagé mes sens. Je me voyais encore à vos genoux, je sentais la pression de vos bras autour de ma taille et le contact de vos lèvres qui se posaient de nouveau sur les miennes. Oh! mais dites-moi, dites-moi donc que tout cela n'était qu'un rêve...

Joseph, la rougeur au front, lui répondit de chastes et rassurantes paroles.

— O merci, mon Dieu, s'écria-t-elle avec une ardeur indicible ; et ses larmes coulèrent de nouveau, mais cette fois c'était de bonheur.

— Pardonnez-moi de vous avoir injustement accusé, reprit-elle ensuite, c'est que mon amour était fini, voyez-vous ? et, dans mon isolement, je me trouvais face à face avec le mépris de moi-même. Joseph, c'était une horrible pensée. Mais je me trompais; tu me l'as dit, et je crois à tes paroles; maintenant je suis heureuse: vois, j'ai cessé de pleurer; car j'ai retrouvé mon ciel que je croyais perdu. »

Joseph désavouait sincèrement la rétractation de son amie; il se savait moralement coupable; mais il le savait seul, et il n'avait pas assez d'abnégation pour mettre Anaïs dans la confidence. Au reste, il était probable que la comtesse ne tarderait pas à savoir ce qui s'était passé par la révélation des personnes mêmes de l'hôtel. Quelques mots lâchés sur la venue des employés de la police suffiraient pour cela; et alors ce grand effort de vertu, dont Anaïs faisait honneur à l'artiste, se réduirait tout au plus à de l'habileté. Or, quelque peu de rouerie que Joseph mît dans ses combinaisons d'amour, néanmoins il n'avait pas assez de grandeur d'ame ou de niaiserie pour repousser les avantages que lui offrait le hasard. Dans cette circonstance, le plus simple ou plutôt l'unique parti à prendre, c'était de changer de lieux. L'artiste pensa que le séjour de la Bourgogne, son pays natal, et la vue du toit paternel, éloigneraient de lui, pour un temps, ces orages du cœur qui le faisaient si cruellement souffrir. Il comptait pour cela sur des souvenirs graves et sacrés, sur des impressions restées mortes pendant l'absence, mais qui se raviveraient au retour; sur de prosaïques détails d'agriculture, et d'affaires d'intérêt à régler. Il mit une ardeur extrême à préparer le départ. Toute cette journée fut laissée à Anaïs pour se remettre de la secousse qu'elle venait d'éprouver; et ils quittèrent la Suisse le lendemain, au lever du soleil. Vers le soir du deuxième jour, leur chaise de poste atteignit le sommet d'une petite colline, d'où le regard embrassait une plaine remarquable par son étendue et par la monotonie de ses aspects. A l'ouest, au pied de la colline, on apercevait une ville basse et circulaire, entourée de vertes murailles, et protégée par de riantes fortifications. C'était Dijon, où Joseph avait passé la première partie de sa jeunesse, Dijon, ville aux puissants contribuables, aux équipages de chasse et aux meutes aboyantes; ville cérémonieuse, ville intelligente et prompte aux jours de crise politique, ville sérieuse, où le cynisme de Piron devait se trouver mal à l'aise, ville savante et lettrée, parfois pédante et maussade; ce qui s'explique par l'honneur d'avoir produit Saumaise.

Joseph et sa compagne se logèrent dans un hôtel, à droite, et à peu de distance de l'entrée méridionale de la ville. La nuit venue, Anaïs qui avait besoin de repos, se retira dans sa chambre, et Joseph sortit de l'hôtel, cherchant des souvenirs. Il traversa quelques rues solitaires, où nul bruit ne se faisait entendre, si ce n'est les sons doux et tristes du piano, dans ces hôtels aristocratiques qui, semblables à des forteresses, se cachent derrière leurs portails armoriés. Bien qu'autrefois il eût été en rapport, par lui-même ou par sa famille, avec les maîtres de ces demeures, il passa, sans ébranler le marteau d'airain qui en marquait l'entrée. Ainsi, marchant à l'aventure, il atteignit les remparts de la ville, où son pied foula les premières feuilles que l'automne enlevait au front des tilleuls et des marronniers séculaires. Là, comme autrefois aux mêmes lieux, il vit passer près de lui de gracieuses formes de femme, et il entendit de douces voix; mais il ne fut point ému, car une partie de son âme était morte. Le poète avait fait un pas vers la vie réelle et vers le désenchantement. Les soleils du matin qui rayonnent écltants et purs, se ternissent quand vient le soir, et enlèvent à chaque objet leurs teintes harmonieuses. Notre existence est ainsi faite ; seulement la décrépitude du cœur précède bien souvent, hélas ! le déclin des années.

Le lendemain, dans la matinée, Joseph se rendit chez son notaire pour régler avec lui des affaires d'intérêt. Au retour, il demanda des chevaux de poste, et l'instant d'après la voiture d'Anaïs les entraînait tous deux sur la grande route de Lyon. Ils longèrent pendant quelques heures la côte que l'on aperçoit à droite de la route. Non loin d'un chef-lieu d'arrondissement que Piron a gratifié d'une célébrité fort injurieuse, les chevaux prirent le pas, et la voiture s'engagea dans un chemin de traverse assez habilement ménagé sur les escarpements de la côte. Dès qu'ils eurent atteint le revers de la montagne, le chemin devenu plus large suivit une pente gazonnée, au dessous de laquelle s'étendaient de riches vignobles. Après un quart d'heure de marche, à travers des haies d'arbres entremêlés de ceps de vigne, la voiture s'arrêta devant une maison de campagne dont l'architecture, bien qu'elle remontât à une époque assez ancienne, contrastait, par son élégance, avec les sites agrestes que l'on apercevait de toutes parts. Sa façade était en pierres de taille, et l'ardoise recouvrait les toits construits en pente pour faciliter l'écoulement des neiges. C'est là que Joseph avait vu le jour.

L'artiste offrait son bras à Anaïs pour l'aider à descendre de la voiture, lorsqu'il vit sortir d'un corps de ferme peu éloigné de l'habitation quelques personnes qui s'avançaient vers lui. L'une d'elles, en l'apercevant, fondit en larmes. C'était une femme d'un âge avancé, qui avait été la nourrice de Joseph, et dont l'existence semblait inféodée au domaine et à ses maîtres. Joseph l'aimait d'un amour filial ; il la tutoyait, et lui disait : ma mère. Leur entrevue fut muette, mais pleine d'émotions tristes et délicieuses. On trouva que le jeune monsieur était bien changé. Il paraissait avoir souffert ; sans doute il avait été malade, car on ne supposait pas qu'il pût être malheureux. Ces bonnes gens, en voyant une jeune femme dont la mise et les manières étaient également distinguées, pensèrent que Joseph leur amenait la nouvelle maîtresse du domaine, et ils ne la désignèrent pas autrement que par ce mot : « Notre dame, » appellation toute seigneuriale qui fit sourire et rougir en même temps la comtesse. Joseph ne dit rien pour les dissuader ; car il craignait d'amoindrir l'espèce de vénération qu'ils portaient à son amie.

L'habitation était depuis longtemps une solitude. Depuis le départ de Joseph, rien n'avait été changé aux dispositions de l'intérieur. Chaque meuble avait conservé sa place et sa destination primitives. Au moment où il posa le pied sur le seuil, l'artiste, pénétré d'un frémissement religieux, crut voir deux ombres augustes s'avancer vers lui et prendre place à ses côtés. Il entra, suivi d'Anaïs, dans la chambre de son père, où se trouvait un portrait de ce dernier, et il s'agenouilla devant cette image chérie. Anaïs l'imita, et ils prièrent ensemble; seulement, Joseph pria pour tous deux, tandis que la comtesse ne priait que pour lui. Serait-ce qu'il y a toujours un peu d'égoïsme au fond des ames douloureuses?

Ils profitèrent des derniers beaux jours de la saison pour visiter les riants côteaux de Ma... Dans ces excursions plus ou moins lointaines, le regard du jeune peintre exprimait avec une instantanéité électrique des souvenirs d'enfance perdus et retrouvés. Chacune de ses paroles révélait une immense tendresse de cœur et des trésors d'adorable poésie; tandis que la comtesse, harmoniant son ame aux tons de cette autre ame angélique, répondait à sa tristesse par une larme d'amour, à ses regrets par un mot d'espérance, à ses sublimités par un geste d'adoration. Quand l'hiver fut venu, et avec l'hiver les sifflements de la bise, les toits couverts de neige et les longues heures du soir, cette exubérance de mélancolie s'affaiblit un peu. La vie d'intérieur, avec ses mille détails pratiques, rapetisse nécessairement la pensée et circonscrit le sentiment dans un cercle étroit d'occupations sans cesse renaissantes. Pour échapper à ce prosaïsme du chez-soi, Joseph implora le secours des arts. D'abord, il s'occupa de peinture, et il fit de charmantes choses, toutes de sentiment. Ses sujets, sa manière, les couleurs dont il faisait choix, pouvaient donner l'indice de la situation de son ame. Ce n'était point des pages à fracas, ni des compositions échevelées; c'était parfois de la résignation qui pleure. C'était encore de ce bonheur allemand qui s'isole pour rêver, et qui jouit de lui-même, sans ambition et sans orgueil. Souvent tout le sujet se concentrait dans un air de tête ou dans un regard, et la passion qu'elle exprimait, quelque douce qu'elle fût, saisissait de prime abord, parce qu'elle racontait une histoire du cœur et non pas un roman de l'esprit. Une heure de chaque jour était consacrée à la leçon d'Anaïs, car la comtesse apprenait la peinture. Cette heure offrait à Joseph un délassement plein de charme, en ce qu'il descendait alors des hautes régions de l'art pour se constituer professeur de la femme qu'il aimait. Ces instants de délices intimes étaient néanmoins sérieux et graves; car pour l'homme qui sent et qui pense, tout enseignement a sa religion et tout précepte sa grandeur.

La musique prenait une autre part de leur temps. Anaïs avait une voix pure et vibrante qui se rapprochait du *mezzo-soprano*, et qui s'harmoniait très bien avec l'ensemble de sa personne. A quiconque ne connaissait point la comtesse, l'audition seule de sa voix eût révélé ame et corps, toute la femme; avec de l'étude, et sous la direction d'un grand maître, cette voix fût devenue célèbre. Joseph chantait comme les Italiens qui chantent bien. Sa voix était un peu voilée, mais profondément expressive; avec une immense infériorité de moyens, il pouvait prétendre à ce magnifique éloge que l'on fait du ténor Rubini : *Questo Rubini cant' all'cor*. Ses notes de passion avaient quelque chose de tellement irrésistible, que lui-même, après les avoir dites, était souvent obligé de s'interrompre pour essuyer les pleurs qui lui venaient aux yeux. Il chantait de souvenir, parfois d'inspiration, mais rarement de la musique écrite, pour laquelle il avait de l'antipathie. Voici la raison qu'il donnait lui-même de cette singularité. Le calcul des temps, des mesures et de la valeur des notes, quelque facile et peu compliqué qu'il soit, nuit, le plus souvent, au charme qui doit résulter pour l'artiste de l'exécution d'un morceau; la vue prend alors une part de ce qui ne devrait revenir qu'à l'oreille. Il faut que l'exécuteur regarde, qu'il lise, qu'il fasse enfin des divisions. Or, Joseph avait les mathématiques en horreur.

Par les temps calmes, lorsque le vent se taisait et que pas un nuage n'errait au ciel, nos jeunes solitaires sortaient de l'habitation et se dirigeaient vers le sommet de la côte. Parvenus à son revers occidental, ils apercevaient à leurs pieds, sur le premier plan d'un espace immense, un village aux toits de chaume, que domine, comme un phare, la maison du presbytère surmontée de son clocher blanchi. Au nord-est, aussi loin que la vue pouvait atteindre, s'étendait une longue file de peupliers semblables à des squelettes de géants placés en sentinelles dans la vallée des morts, et qui n'attendaient qu'un souffle de printemps pour donner le signal de la résurrection. Mais le point vers lequel Anaïs se tournait de préférence, était une échappée de ciel bleu que laissaient entrevoir au midi des accidents de montagnes et les inégalités d'un horizon lointain. Elle sentait venir de cette direction comme un parfum de patrie; et si parfois il s'y mêlait un peu de regret, il lui suffisait de reporter ses regards sur Joseph, pour que ce regret s'effaçât. Vers la fin du jour, quand le froid devenait plus âpre et l'atmosphère plus sombre, ils regagnaient le toit de M..., et ils passaient la veillée du soir dans la chambre où se trouvait le portrait de M. Deroches. Joseph avait voulu qu'Anaïs occupât l'appartement de son père, comme si la présence de cette ombre vénérée eût dû protéger la jeune fille contre lui-même et contre la destinée. Pendant ces longues heures d'un tête à tête non interrompu, s'il ressentait ce battement de cœur et ce frissonnement nerveux qui précèdent les inspirations de la chair, l'artiste se réfugiait dans le souvenir de ce qu'il avait souffert en Suisse, quelques mois auparavant; ou bien il songeait aux devoirs qu'impose l'hospitalité, et cette dernière considération élevait entre la comtesse et lui une barrière infranchissable. Anaïs était heureuse de ce bonheur calme et profond qui jette toujours un peu de rêverie sur les traits de ceux qui le goûtent. Elle était heureuse d'entendre la voix de Joseph, de lire dans son regard, de penser et de prier avec lui. Pourtant, l'ange avait encore son enveloppe terrestre, et lorsque Joseph, devenu sublime à force d'amour et de génie, étalait devant elle tous les trésors que son ame contenait, Anaïs se sentait parfois tressaillir, et elle baissait les yeux en rougissant; mais, entre son esprit et son cœur, la lutte n'était pas égale; car cette femme se trouvait doublement protégée : d'abord par sa pureté de sainte, ensuite par son orgueil de comtesse.

Durant cet hiver, Joseph se livra à des études littéraires dans lesquelles Anaïs le suivit avec une admirable intelligence. Avec de l'imagination, de la jeunesse et beaucoup d'amour, surtout de l'amour heureux, l'on comprend bien vite tout ce qui est noble, grand et beau. Aucune partie, quelque mystérieuse qu'elle soit, d'un poème ou d'une œuvre de sentiment, n'échappe à quiconque a déjà fait le poème dans son cœur, et telle était la situation d'Anaïs. La plupart des sommités de la littérature contemporaine, soit française, soit étrangère, fournirent à leurs lectures. Il est inutile de dire que les livres de poésie religieuse et grave furent constamment préférés aux productions, assez rares du reste, où domine l'esprit voltairien, raisonneur, sarcastique. Mademoiselle de Reillanne étudia l'italien, et l'apprit en peu de temps. Les premiers mots qu'elle dit en cette langue produisirent sur Joseph un saisissement qui ressemblait à de l'effroi. Elle s'en aperçut, et cessa tout à coup de parler; mais lui, se remettant aussitôt : — C'est bien cela, dit-il, et il répéta la phrase d'Anaïs avec l'air de satisfaction d'un maître qui s'occupe de son élève favori. Depuis longtemps l'artiste semblait avoir fait trêve avec ses souvenirs, et ce fut la seule fois, pendant son séjour à M..., qu'il revint à ses mystérieuses douleurs.

Cet hiver de 1838 et le printemps qui suivit n'eurent que de beaux jours pour Joseph et pour sa compagne. Vivant l'un pour l'autre et par l'autre, ils se complétaient mutuellement, et jouissaient avec une égale plénitude de l'amour qu'ils donnaient et de l'amour qu'ils recevaient. Cette ivresse calme du cœur ramena la comtesse au souvenir de ses amis d'autrefois. Elle écrivit à Albert de Reillanne pour lui dire le lieu de sa retraite, et pour lui parler de la joie qu'elle éprouverait à le revoir. Du reste, elle ne témoignait ni chagrin ni remords de la démarche qu'elle avait faite; elle y voyait, disait-elle, le doigt de Dieu, et elle se résignait avec orgueil à sa destinée. C'était comme au départ sa seule justification. Quant au blâme du monde et à l'opinion, elle n'en parlait pas, comme s'il lui eût été impossible de descendre jusque là. Les mois s'écoulèrent, et la lettre d'Anaïs resta sans réponse.

Vers le milieu de l'été, une vague inquiétude, qu'on pourrait appeler la maladie morale des poëtes, s'empara de Joseph. Les horizons de M... lui semblèrent trop rétrécis, la verdure trop pâle, le sol trop aride. Insensiblement, il vint à désirer pour demeure une Babel, et pour perspective un horizon sans limites. Si les domaines de ce monde ne sont pas assez vastes pour certains désirs, s'il y a des hommes qui touchent à l'infini par leurs espérances, faut-il voir en cela, ô mon Dieu! l'indice des grandeurs que nous cache le tombeau? D'autres fois, en contemplant Anaïs, l'envie prenait à Joseph d'essayer avec elle de l'existence des salons, et de s'enivrer de l'encens que tout homme viendrait brûler à ses pieds. Il observait en elle une nature si adorable, une intelligence si candide et si élevée, puis elle avait si peu les défauts de la femme, qu'elle se fût montrée dans le monde pareille à ces statues antiques qui semblent ne pas toucher à la terre, et qui représentent l'idéal de toutes les perfections. Mais Joseph repoussait bientôt cette pensée comme une mauvaise inspiration. Pour elle et pour lui ce projet était inexécutable : pour elle, car il sentait bien que ce serait dépoétiser son idole que de l'exposer au contact de la foule et de la soumettre au patronage de cette royauté mesquine qu'on nomme la mode ; pour lui, car dans son cœur l'amour avait tué l'amour-propre, et il conservait encore assez d'égoïsme pour ne pas vouloir être jaloux.

Cependant il continuait à souffrir de cette agitation maladive et de ces désirs tumultueux contre lesquels les influences de patrie restent impuissantes. Quelque temps encore, il lutta contre sa pensée, puis ses regards se tournèrent vers l'horizon, et il résolut de revoir l'Italie. Visiter la patrie des arts, cette reine de poésie, avec Anaïs devenue artiste et poète; sous un ciel enchanté et au milieu de ruines éternelles, découvrir en cette femme de nouvelles harmonies; s'élever de plus en plus avec elle vers la source de toute beauté : tel était le complément qu'il préparait à sa vie, et le dernier bonheur auquel il croyait devoir aspirer. Quelques mois auparavant, Joseph n'avait vu que des périls en ce voyage, maintenant il n'y voyait que des ravissements. Et ce n'est point aux idées communes qu'il faut demander la raison de cette différence; car elle tenait moins à un changement d'état qu'à cette mobilité d'impressions dont, à défaut de logique, s'inspirent les poètes et par suite leurs historiens. La comtesse n'opposa rien à ce projet de départ : c'était le désir de Joseph, et c'était assez... Pourtant elle pleura de quitter M..., d'où elle emportait les plus beaux souvenirs de sa vie.

Ils rentrèrent en Suisse, traversèrent le Valais sans s'y arrêter, et atteignirent le mont Saint-Bernard. L'hospice était plein de voyageurs qui se rendaient en Italie ou qui en revenaient. Joseph, forcé d'y faire une station de quelques heures, se tint à l'écart de la foule élégante des touristes, afin de ne pas être exposé à quelque reconnaissance que la présence d'Anaïs eût rendue tout au moins embarrassante. Il était sorti de l'hospice donnant le bras à la comtesse, et comme ils dirigeaient leurs pas vers la chapelle des morts, ils remarquèrent un inconnu, le front appuyé contre la grille, qui regardait l'intérieur de l'édifice. A la vue de cet homme, Anaïs devint extrêmement pâle, et elle serait tombée si Joseph ne l'avait soutenue. Lui-même était vivement ému; néanmoins il se remit bientôt, et il dit à la comtesse :

— Cela ne peut être qu'une ressemblance :

regardez... Il manque un bras à cet homme, et Albert n'est point ainsi; vous le savez bien.

En effet, l'inconnu était privé du bras gauche, et sa tournure toute militaire donnait à croire qu'il l'avait perdu sur un champ de bataille.

Ils firent quelques pas en avant, et à leur approche l'étranger se retourna. Anaïs poussa un faible cri, ses yeux se fermèrent, et elle chancela, tandis qu'Albert de Reillanne (car c'était lui-même) s'élançait vers elle, et la pressant contre son cœur, lui disait d'une voix attendrie :

— Anaïs! ma sœur, je te retrouve enfin!.. Oh! regarde-moi, c'est Albert, c'est ton frère.

Joseph se tenait immobile, les yeux baissés

et comme frappé de la foudre. Le comte lui tendit la main.

— Mon ami, je ne vous en veux pas, lui dit-il, je n'ai point oublié mes souvenirs de Rome, et je cherche à m'acquitter envers vous.

Anaïs rouvrit sa paupière mouillée de larmes, et ses regards se fixèrent avec une expression d'amère douleur sur le bras mutilé de son cousin.

— Tu pleures, pauvre enfant, reprit Albert, tu pleures de me voir ainsi. Que veux-tu? c'est un des mille accidents de la vie..., une chute de cheval... Au reste, mieux vaut un bras de moins qu'une blessure au cœur..., et le mien vous aime tous deux comme auparavant.

Ces paroles, prononcées avec le ton d'une

insouciance affectée, firent pâlir Joseph : — Il ment, pensa-t-il, et il a l'ame trop grande pour oser dire qu'il a payé sa dette. Mon Dieu! mon Dieu!... murmura-t-il avec désespoir, pourrais-je effacer par le repentir cette nouvelle tache de sang qui se pose aujourd'hui sur mon front!

Dès cet instant, il se crut maudit, et les plus sombres images vinrent assaillir sa pensée. Dès qu'Anaïs eut repris un peu de calme, le comte lui raconta ce qui s'était passé depuis son départ de S...

— « Je partis pour l'Italie peu de temps après votre disparition, lui dit-il; votre première lettre me faisait croire que je vous rencontrerais à Rome; mais vous n'y étiez pas, et je sus par les amis de Joseph qu'il n'y avait point paru. Je visitai différentes villes, m'informant partout de vous deux. Ce fut vainement. Je passai alors en Sicile, puis je remontai l'Adriatique et je vins à Venise. Après quelques jours passés dans cette ville, je me déterminai à rentrer en France, désespérant de vous rencontrer, lorsque je reçus à Milan votre lettre datée de M..., que le docteur Remy m'adressait en Italie. Alors je me suis hâté de revenir, et je serais allé vous surprendre à M... si notre bonne étoile ne nous avait conduits les uns au devant des autres. Anaïs, je vous le dis avec tristesse, loin de vous et loin de Joseph, je me suis trouvé bien seul; vous manquiez tous deux à ma vie, et pourtant je ne vous maudissais pas; maintenant que je vous ai retrouvés, me condamnerez-vous à une nouvelle séparation? Peut-être aurais-je la force de souffrir encore si je vous savais heureux. Mais vous ne l'êtes point, car vous ne pouvez l'être ainsi. Croyez-moi, cherchons ensemble les moyens d'assurer ce bonheur que vous avez fui; plus tard, si je suis de trop entre vous deux, il me restera du moins la satisfaction d'avoir rempli ma tâche, et je pourrai alors me résigner à vivre loin de vous. »

Le comte n'eut pas de peine à obtenir de Joseph qu'il renoncerait à son voyage d'Italie; il suffisait d'un évènement en opposition avec ses projets, d'une manifestation du hasard, quelle qu'elle fût, pour que le jeune peintre devînt incapable de rien vouloir par lui-même. Dans cette circonstance, la générosité d'Albert le pénétrait d'attendrissement et de remords; il croyait être son obligé, et par suite, il s'abandonnait à lui sans résistance. Anaïs était non moins attendrie. Elle avait su découvrir, au fond des paroles du comte, une si sublime et si douloureuse abnégation, que, pour la première fois, elle s'avouait coupable et reconnaissait avoir des torts envers son cousin; pourtant il n'avait pas tout dit, car il n'avait point parlé du mépris des hommes. C'est qu'Albert avait la délicatesse des vrais amis, et, tout en cherchant à guérir le mal, il déguisait l'amertume du remède.

IV.

Ils étaient tous trois revenus à S..., Anaïs, en rentrant sous le toit paternel, avait un visage calme et souriant, tandis que l'aiguillon du repentir la poignait au cœur. Elle pensait, la sublime enfant, qu'une parole de tristesse et une larme de regret équivaudraient, aux yeux de Joseph, à un désaveu pour le passé et à une rétractation pour l'avenir. Or, elle ne voulait pas qu'il pût se dire : « Cette femme qui m'avait tout sacrifié, amis, réputation, famille, se repent aujourd'hui de ce sacrifice : donc cette femme ne m'aime plus. » Bien que cette conclusion ne fût pas essentiellement rigoureuse, mademoiselle de Reillanne la trouvait incontestable, et elle aimait mieux souffrir elle-même, que de faire naître dans l'esprit de Joseph un doute plus cruel que le trépas. Ce qui la tourmentait par dessus tout, c'était la pensée d'avoir une entrevue avec le docteur Remy. Elle s'attendait de sa part à de l'ironie sans passion, à de la pitié sans estime, et peut-être à du mépris mal déguisé sous les formes d'une banale politesse. Cette prévision d'Anaïs n'était pas dénuée de fondement. Le docteur vint un jour à S..., où se trouvaient réunis modemoiselle de Raillanne, Albert et Joseph. Avec ce dernier le docteur fut comme il avait toujours été, froid, cérémonieux, poli; vis à vis de la comtesse, il se montra principalement observateur. Sa large et froide prunelle abaissée vers le front pâle d'Anaïs, sembla vouloir pénétrer jusque dans les replis de son ame. Quel fut le résultat de ses observations? nous ne le savons pas. Toujours est-il vrai qu'une expression presque insaisissable d'étonnement et de sarcasme vint effleurer les traits du docteur, qui reprirent à l'instant même leur caractère habituel d'impassibilité. Anaïs lui ayant demandé quelques détails sur l'affreux accident dont Albert avait été la victime, obtint une réponse si peu explicative que sa curiosité s'en accrut, et qu'elle voulut en savoir davantage. Albert et M. Remy échangèrent un rapide coup d'œil; Joseph sortit instinctivement du salon, et bientôt après, le comte s'éloigna en jetant sur le docteur un regard suppliant. Ce dernier se trouva seul alors, face à face avec Anaïs; il se rapprocha d'elle, la regarda de nouveau fixement et avec une expression si étrange que la comtesse tressaillit.

— Qu'y a-t-il donc, ô mon Dieu! demanda-t-elle avec anxiété.

— Mon enfant, répondit le docteur en lui prenant les mains et en s'efforçant d'adoucir l'expression de son regard, je ne voudrais pas vous faire de la peine et cependant, si je veux être juste, il faut que je commence par être cruel... Le malheur dont vous voulez savoir la cause n'est pas un malheur vulgaire ; ce n'est point un de ces mille accidents qui se rencontrent sur le chemin des plus nobles vies ; c'est quelque chose de mieux ou de plus mal ; de plus affreux ou de plus beau ; et la responsabilité de ce fait, quelle que soit la manière dont on l'envisage, doit peser en entier sur votre tête : car c'est vous seule qui l'avez accompli.

Anaïs, l'œil hagard, se dressa convulsivement sur son siége ; mais bientôt ses genoux fléchirent, et elle s'affaissa de nouveau en murmurant d'une voix éteinte : — Je suis prête à vous entendre, parlez.

—Je passe toute réflexion pour arriver au fait, reprit le docteur ; vous veniez de partir pour l'Italie, vous le disiez, du moins ; le comte avait reçu votre lettre et me l'avait communiquée. Cette lettre dénotait un cœur bien malade et une tête bien folle : je compris dès lors que tout était perdu pour vous... Albert s'était arrêté, contre mon avis, au projet de quitter la France et d'aller à votre recherche. La veille du jour fixé pour son départ, nous nous trouvions ensemble dans la ville de L... où il avait à régler quelques affaires. Une personne de ma connaissance nous conduisit dans un lieu public où se rassemblent les oisifs de la ville. Pendant que je causais avec cette personne, Albert se à mit lire un numéro de journal. A quelques pas de nous, au milieu d'un cercle de jeunes gens, un individu, à la mise élégante, au geste hardi, à la parole sarcastique, racontait à demi-voix une anecdote scandaleuse à laquelle son auditoire prêtait la plus vive attention. Dans ce récit le nom de Reillanne fut prononcé, et ce nom vint aux oreilles du comte qui prit le parti de se rapprocher du cercle et d'écouter à son tour. Savez-vous ce que l'on racontait? On racontait qu'une jeune fille de noble maison, orpheline, riche et jolie, était devenue la maîtresse d'un inconnu, d'un chevalier errant, d'un peintre, avec lequel elle s'amusait à courir le monde, et l'on ajoutait que cette femme avilie était la jeune comtesse Anaïs de Reillanne.

En cet instant Anaïs se jeta aux pieds de M. Remy; ses mains étaient jointes, mais sa désolation était muette. Son œil ne versait pas une larme ; ses lèvres ne laissaient pas échapper un soupir ; on eût dit une de ces cariatides que l'art chrétien pose saturées de douleur sur le marbre d'une tombe amie

— Je ne suis point votre juge, et je ne vous condamne pas, continua le docteur en relevant la pauvre fille : vous avez insisté pour connaître les détails de cette malheureuse affaire, et j'ai dû vous obéir. Maintenant je poursuis : Albert s'était avancé dans le milieu du cercle, et d'une main il étreignait avec violence la main du narrateur, tandis que sa bouche lâchait un de ces mots énergiques qui veulent du sang et qui font pâlir les lâches. Mais son adversaire ne pâlissait pas, et tout en persistant dans son dire, il offrait une réparation les armes à la main. J'intervins alors et je fis valoir divers moyens de conciliation. Ce fut peine perdue ; une rencontre devint inévitable. Arrivés sur le terrain, je me concertai avec les témoins de l'adversaire, et nous l'engageâmes instamment à adresser au comte quelques mots de rétractation. — « Je le veux bien, répondit-il en ricanant, mais alors je lui demanderai pardon d'avoir dit la vérité. »

— Il fallait en finir : des pistolets furent chargés; les combattants placés à distance, et, au signal donné les deux coups partirent en même temps. J'avais les yeux fixés sur le comte qui, indifférent au péril, ne prenait aucune des précautions usitées en pareil cas, et qui se découvrait entièrement. — Docteur, rechargez les armes, me cria-t-il après l'explosion, je m'avançai alors vers lui, et je le vis chanceler. — Je suis blessé là, me dit-il, en désignant son bras gauche que la balle venait de traverser ; je le fis placer dans une voiture et transporter à L... La blessure était dangereuse, et il y avait de graves accidents à redouter : je jugeai l'amputation nécessaire et j'en parlai au comte qui s'y résigna en stoïcien. Pendant toute la durée de l'opération, il ne proféra pas une plainte, pourtant il devait cruellement souffrir. Au moment d'achever ma pénible tâche, je hasardai quelques réflexions sur la cause de ce douloureux évènement, et votre nom fut prononcé par moi, je l'avoue, avec un accent plein d'amertume et de reproche. — Docteur, vous me faites mal, me dit-il alors, et je vis une larme mouiller sa paupière. Ce fut la seule qu'il versa.

» Je craignis quelque temps pour les jours de votre unique parent et de votre meilleur ami. Il était dévoré par une fièvre brûlante, et dans son délire, il vous bénissait. Des soins assidus et son excellente constitution le sauvèrent.

» A peine remis, il partit à votre recherche.

Le but de ce voyage, aussi bien que l'évènement qui l'avait précédé, furent connus d'un petit nombre de personnes. Le comte écrivit d'Italie qu'il venait de perdre un bras par suite d'une chute de cheval. Maintenant encore il le disait à tout le monde, et en cela il cherchait à se tromper lui-même, en oubliant l'injure faite à votre nom et au sien. Le comte est une ame sublime. Il vous aime, n'en doutez pas, et pourtant, il vous cache sa passion comme un remords. Il vous a fait tous les genres de sacrifice, et il n'a tiré profit d'aucun. C'est pour vous qu'il abandonna la carrière des armes, et c'est pour vous qu'il a exposé ses jours : que lui avez-vous donné en compensation ?

« Anaïs, je ne dirai pas que votre conduite fut criminelle. Dans ma pensée, vous êtes plus malheureuse que coupable, et vous méritez moins de mépris que de pitié ; mais vous avez agi par vous-même, et vous avez mal agi. En jetant votre nom en pâture au blâme du monde, vous avez oublié que ce nom appartenait à d'autres qu'à vous, et vous avez deversé une part de votre honte sur qui ne la méritait pas; et cependant, il vous était si facile de rester heureuse et honorée. Ce que vous avez fait, c'est la chose étrange, bizarre, exceptionnelle; et ce que vous avez manqué de faire, c'est la chose commune, facile et raisonnable.

» Un homme se présente à vous : cet homme quel est-il? vous ne le connaissez pas; mais il vous suffit de savoir qu'il a protégé la vie du comte, pour que votre reconnaissance lui soit acquise. Vous découvrez en cet homme des facultés éminentes : son imagination de poète n'est pas au dessous de son talent de peintre, et ce talent est merveilleux. Il a, de plus, le front pâle, le regard triste et le sourire plein d'amertume; ajoutez à cela, un passé mystérieux, et une existence empreinte de fatalité. Il n'en fallait pas davantage pour changer votre reconnaissance en amour, et votre curiosité en enthousiasme. Dès cet instant, votre conduite se résume en un non sens continuel. Au lieu d'agir raisonnablement, u lieu d'aller aux informations sur sa famille, sur la fortune et sur l'existence de M. Deroches, et de terminer, au plus vite ce roman du cœur par un légitime mariage, ou par un congé définitif, qu'avez-vous fait? vous avez aimé follement, sans raison et sans but.

» M. Deroches était-il libre? vous n'en saviez rien: moi j'ai peine à le croire, car s'il eût été libre, il vous eût suppliée de devenir sa femme; mais s'il n'était pas libre, votre fuite est plus qu'une faute, c'est une niaiserie et une invraisemblance propre à décréditer un roman qui ne serait pas historique. Pourquoi vous éloigner de S...? ne pouviez-vous aimer en Languedoc, aussi bien qu'en Suisse ou en Bourgogne? Si le séjour de M. Deroches prolongé chez vous avait fait supposer et dire que vous étiez sa maîtresse, il vous suffisait de répondre à la calomnie par un dédaigneux silence, vous n'aviez même pas besoin de nier, car dans ce cas, le silence équivaut toujours à une négation. Voyez-vous? Anaïs : le monde tient moins compte de la vertu que de ses apparences, et selon lui nulle femme n'est vertueuse qu'autant qu'elle passe pour l'être. »

» C'est donc gratuitement que vous avez compromis votre réputation de femme, et ce n'est pas tout : votre constitution physique a souffert des anomalies de cette situation. Vous êtes trop frêle, pauvre enfant, pour résister aux luttes intérieures qui naissent des grandes passions. Vous aimez Joseph Deroches, n'est-ce pas? eh bien, vous aimez votre bourreau. Anaïs, je le dis avec le sentiment d'une effroyable certitude, cet homme doit vous tuer un jour... »

Ce dernier mot produisit sur mademoiselle de Reillanne l'effet d'une secousse galvanique. Elle sortit de sa douloureuse stupeur, et attachant sur M. Remy un regard qui peignait un affreux désespoir, elle sembla lui demander l'explication de sa pensée. Le docteur comprit qu'il avait été trop loin; cependant il n'essaya pas d'amoindrir l'effet de ses paroles, dans la crainte de faiblir, il mit fin à cette entrevue, en laissant Anaïs sous le coup d'une impression terrible, et qui ne devait plus s'effacer.

Nous l'avons dit, cet homme croyait à l'amitié, mais il n'en comprenait pas les délicatesses.

Dans cette circonstance, comme toujours, il tendait à un résultat positif qu'aucune considération, soit d'indulgence, soit de pitié, ne pouvait lui faire perdre de vue. Ce qu'il voulait, c'était décréditer Joseph en grandissant M. de Reillanne dans la pensée d'Anaïs. Avec une sureté de tact particulière à certains physiologistes et à l'aide de quelques observations dont le secret nous est inconnu, le docteur avait acquis la conviction que mademoiselle de Reillanne n'avait fait au jeune peintre d'autre sacrifice que celui de sa réputation. Mise à part l'infraction aux convenances, la fuite des deux amans n'était donc, à tout prendre, qu'un enfantillage et une débauche poétique qui devait avoir pour résultat de guérir la folie d'Anaïs. Cela fait, pour rendre à l'avenir toute recrudescence impossible, le docteur ne voyait rien de mieux qu'un solide mariage, et il jetait les yeux sur Albert son enfant de prédilection. Selon lui, cet arrangement conciliait les intérêts de toutes les parties, puisqu'il ramenait Anaïs dans la bonne voie, donnait au comte une grande fortune et une jolie femme, et rendait l'artiste à ses pinceaux qu'il n'aurait jamais dû quitter.

Tout cela était fort raisonnablement calculé, mais comme les grandes passions ne se calculent pas, il s'ensuivait que le bon sens du logicien le jetait inévitablement dans l'erreur. En fait de sentiment, il existe entre le plus et le moins, des distances immenses qui sont inappréciables pour quiconque n'a point aimé. M. Remy n'aurait pas échoué s'il avait eu à combattre un de ces caprices éphémères qui sont un besoin pour les existences mondaines, et qui s'en vont comme ils sont venus; mais il s'agissait ici d'une de ces sympathies larges et profondes qui affectent en même temps la volonté et l'intelligence, qui forment une autre vie dans la vie, et qui sont à l'ame ce que le souffle est au corps. Aussi, tout en inspirant à la comtesse une reconnaissance infinie pour Albert qu'elle vénérait à l'égal d'un dieu, le récit du docteur ne fit qu'accroître sa passion pour Joseph. Elle pensait, la noble jeune fille, que la moralité du sentiment réside dans sa constance, et comme la foi éternise l'amour, elle avait dit souvent à M. Deroches : — « Ami, je dois mourir, mais je vous aimerai par de là le tombeau. » La révélation du docteur n'atteignit donc pas le but qu'il s'était proposé. Anaïs, blessée au cœur, n'essaya pas de demander grace, parce qu'elle chérissait son mal, et qu'elle savait bien que quiconque veut aimer, doit aussi vouloir souffrir.

. . . .

A partir de cet entretien, Mademoiselle de Reillanne n'aborda le comte qu'avec un douloureux frémissement. Bien que les paroles d'Albert fussent comme toujours empreintes de bonté d'âme et de la grace la plus parfaite, Anaïs ne pouvait échapper à l'accusation terrible et incessante qu'élevait contre elle la vue de ce corps mutilé. Les souvenirs de son enfance si purs et si beaux, ces souvenirs autrefois tant aimés, lui devinrent importuns; c'est qu'elle retrouvait en eux tout ce qu'elle avait méconnu; les jours calmes du foyer, le bonheur sans remords, et autour de son berceau la douce protection d'un frère et d'un ami. Albert s'efforçait au contraire d'oublier son dévouement et sa gloire récente, pour se reporter tout entier aux premières époques de sa vie. Parfois en présence d'Anaïs et de Joseph, il semblait vouloir cacher sa blessure, comme on cache un stigmate d'infamie, et il cherchait à dépouiller le héros. Ainsi pour les grandes ames, elles savent affronter les plus atroces douleurs, tandis qu'elles redoutent pour les autres une piqûre d'épingle.

Joseph n'ignorait rien de ce qui s'était passé. En revoyant Albert, il avait tout deviné, tout appris, et maintenant, en dernier lieu, ses tristes prévisions venaient d'être confirmées par Anaïs, qui lui raconta les détails de l'événement tels qu'elle les tenait du docteur.

— « Vous n'êtes point coupable, dit-il à son amie. Sans moi, vous seriez devenue la femme d'Albert, et vous auriez été heureuse. Anaïs, vous me maudiriez si les anges savaient maudire ; car tout n'est pas encore fini : je sens que la douleur fait vivre, et je tremble de mourir trop tard. »

Il s'isola dans le pavillon du jardin, où il passait des journées entières sans se montrer au château. Ni les instances d'Albert, ni les muettes supplications de la comtesse, ne purent le distraire de ce genre de vie. Parfois il semblait accéder à leurs désirs, se rapprochait d'eux, jetait quelques mots dans la conversation, puis tout à coup il s'éloignait, les yeux en pleurs, et le cœur agité des plus sombres pressentiments.

A cet état de choses, le comte ne voyait plus qu'un remède, et ce remède était le mariage de Joseph avec sa cousine. Il hésita quelques instants entre la crainte de voir s'évanouir cette dernière espérance, et la nécessité d'en obtenir la réalisation. Néanmoins, l'amitié l'emporta sur ses doutes, et il était déterminé à tenter un résultat décisif, lorsqu'un incident assez étrange vint changer la position des personnages de cette histoire.

M. de Reillanne venait de quitter S... pour

quelques jours. En son absence, l'artiste et la comtesse se rapprochèrent, et Anaïs, malgré la souffrance dont ses traits portaient l'empreinte, fut la première à parler de consolation et d'avenir. Joseph l'écouta comme on écoute une voix amie, mais il avait cessé d'espérer. « — Anaïs, disait-il en parcourant avec elle les environs de S..., voilà des sites que nous avons visités il y a un an : voici un rocher qui vous a servi de siège. Vous étiez heureuse alors, et moi je souffrais. Aujourd'hui nous souffrons ensemble, que s'est-il donc passé depuis cette époque? le malheur serait-il contagieux ? »

Un soir qu'ils longeaient ensemble les bords de la rivière que le voyageur rencontre au midi et à une portée de fusil du village de S..., Anaïs aperçut, à travers les saules, une petite barque qu'une chaîne en fer attachait à la rive. Cette barque fut pour elle ce qu'est pour l'enfant un jouet perdu et retrouvé. Elle prit le bras de Joseph, et, l'entraînant vers le bord, elle secoua la chaîne de toutes ses forces.

— « Vous êtes une faible enfant, dit l'artiste, et vous ne savez rien détruire... Regardez-moi. »

Il posa le pied sur le tronc du saule auquel la barque était attachée, et qu'une algue verdâtre avait couvert de son enveloppe. L'arbuste céda au premier effort : il était desséché jusqu'à la racine.

— « Anaïs, reprit l'artiste, vous souvient-il que l'an dernier ce saule était plein de sève et de vigueur ? Placé près de la rive, il a été battu par les flots, et quelques mois ont suffi pour le réduire en poussière. »

La pauvre fille tressaillit, et, couvrant son

visage de son voile, elle prit place au fond de la barque dont Joseph avait détaché la chaîne. Pas un mot ne sortit de sa bouche ; elle rêvait, en songeant peut-être à la sinistre prédiction du docteur Remy. Joseph s'était muni d'un aviron, et il avait poussé la barque au milieu du courant, tandis qu'Anaïs contemplait avec mélancolie les hauts peupliers de la rive dont les cîmes se couronnaient des rayons du soleil couchant. L'instant d'après, la barque se balançait sur une eau profonde et tranquille. Tout à coup, Anaïs poussa un cri et se pencha vivement vers le gouffre ; l'anneau qu'elle tenait de sa mère, cet anneau qu'elle avait confié à Joseph, un an auparavant, la veille de leur départ de S..., venait de glisser de son doigt et avait disparu sous le flot. Joseph se pencha comme elle pour essayer de l'apercevoir ; mais il ne vit que le sable uni et argenté, sur lequel flottait l'ombre de la nacelle. Le soleil disparaissait à l'horizon, et le vent commençait à fraîchir. Il fallut songer à regagner le bord. Anaïs éprouvait un regret amer d'avoir perdu cet anneau; elle y tenait comme à un talisman auquel se trouvaient attachés son bonheur et sa vie. Ils retournèrent à S..., et en passant devant l'église du village, mademoiselle de Reillanne y entra pour déposer sa tristesse aux pieds du Sauveur des hommes. Lorsqu'elle sortit, elle ne revit pas Joseph, et elle rentra seule au château. Une heure s'écoula, et la nuit était venue. La comtesse, à demi couchée dans une causeuse, lisait à la lueur d'une lampe placée devant elle sur un guéridon. Tout à coup, on ouvre la porte de son appartement, et Joseph, le visage couvert de pâleur et le sourire sur les lèvres, vient déposer à ses pieds l'anneau qu'elle avait perdu quelques heures auparavant. Au même instant, ses forces l'abandonnent, il chancelle et tombe sans connaissance sur le parquet.

— « L'insensé! comme il m'aime! » s'écria la comtesse avec une expression de joie mêlée d'épouvante. Elle appela du secours et fit transporter Joseph dans une chambre voisine. Lorsqu'il reprit connaissance, ses dents claquaient, il avait le frisson de la fièvre. On le mit au lit, et un exprès fut expédié sur-le-champ au docteur Remy. Un quart d'heure s'était à peine écoulé, lorsque ce dernier entra dans la chambre. Il avait passé la journée à visiter des malades dans les environs, et il venait au château demander l'hospitalité pour cette nuit.

— « Docteur, soyez le bien venu, dit vivement la comtesse; c'est le ciel qui vous envoie. »

« — Je suis fâché, mademoiselle, qu'un événement triste coïncide avec ma visite au château, et soit la principale cause de l'accueil bienveillant que j'y reçois. »

Le trouble qui dominait la comtesse l'empêcha de faire attention à ces paroles. — « Voyons, reprit M. Remy, en s'approchant de Joseph, et en attachant sur lui un regard observateur : Donnez-moi votre bras... Qu'a-t-il fait aujourd'hui? ajouta-t-il en se tournant vers la comtesse. » Anaïs balbutia, et tout ce que put comprendre le docteur, c'est que M. Deroches avait pris un bain d'eau froide dans la soirée.

— « Il y a quelque mystère là dessous, pensa M. Remy; puis, se rapprochant d'Anaïs, il lui dit à voix basse : — Tout à l'heure, un peu après le coucher du soleil, je traversais la plaine en côtoyant la petite rivière qui l'arrose; au milieu du lit de la rivière, j'ai aperçu un plongeur qui, malgré la fraîcheur du soir, disparaissait et reparaissait alternativement à la surface du gouffre, d'où il ne rapportait que des poignées de sable. Ce plongeur serait-il par hasard M. Deroches ? »

Mademoiselle de Reillanne ne répondit pas. — C'est lui, sans nul doute, pensa le docteur. Il revint alors au jeune peintre, et il lui demanda s'il ne ressentait aucune douleur locale. L'artiste répondit par un signe de tête négatif. « Je ne vois rien de sérieux dans son état, reprit le docteur en s'adressant à Anaïs : le pouls est fréquent, la peau sèche, et la fièvre assez intense ; mais la circulation seule est atteinte ; des boissons chaudes et une transpiration abondante suffiront, je crois, pour neutraliser les effets du bain de rivière. Maintenant je me retire, car il faut que je sois sur pied demain avant le lever du soleil. Mademoiselle, je vous engage à aller vous-même prendre du repos ; vous paraissez en avoir besoin, et M. Deroches peut très bien se passer de nous deux. Si la nuit était mauvaise, il faudrait me faire appeler. »

Il salua, et se retira dans la chambre qu'il occupait d'ordinaire au château.

Dix heures venaient de sonner, lorsque mademoiselle de Reillanne, qui s'était retirée en même temps que le docteur, sortit de son appartement, et, entr'ouvrant à petit bruit la porte de la chambre où reposait Joseph, s'avança comme une ombre jusqu'au pied de son lit. A la vue de ce blanc fantôme, dont les pas effleuraient à peine le parquet, la personne qui veillait auprès du malade n'aurait pu retenir un cri de frayeur, si la comtesse ne l'avait prévenue en lui disant à voix basse : « Justine, allez vous reposer : je veillerai, moi. »

Une lampe, recouverte de son chaperon aux

mille figures fantastiques, éclairait l'appartement. Anaïs, restée seule, écarta doucement les rideaux du lit, et pencha son front mélancolique vers l'homme qui lui prenait tout son cœur. Joseph était plongé dans ce demi-sommeil qu'apportent la fatigue et la fièvre. Son visage était enflammé, ses lèvres sèches et ardentes. Anaïs, cédant à une irrésistible attraction, respira le souffle brûlant qui s'en exhalait. Elle se fût estimée heureuse de lui ravir une part de souffrance et d'être malade de son mal. Cette contemplation durait depuis quelques minutes, lorsque Joseph s'éveilla. Avant qu'il put proférer une parole, la comtesse lui posa une main sur la bouche : — « Parlez bas, dit-elle, on pourrait vous entendre.

— Vous êtes mon bon ange, et je n'ai pas peur de vous, dit-il avec l'accent d'un homme en délire ; vous êtes la figure de mon rêve, telle que je la vois toujours, rieuse quand je suis joyeux, pensive lorsque je deviens triste.

Anaïs se prit à pleurer... « — Ne pleurez pas, reprit-il, cela me fait mal de vous voir pleurer ; si du moins je pouvais conserver vos larmes, mais je n'ai rien pour les recueillir ; rien, que mes lèvres où elles sécheraient en tombant. »

Anaïs effrayée de ce délire, referma les rideaux du lit et voulut appeler le docteur ; mais il se montra si malheureux et il la supplia d'une voix si triste, qu'elle n'eut pas la force de s'éloigner de lui. « — Oh! reste, lui disait-il, reste encore, que je te voie près de moi..., toujours ainsi... J'ai tant besoin de ta présence!... Tiens, ma tête est brûlante, et je me sens au cœur un feu qui le dévore; et bien, si tu posais ta main sur mon front, je crois que je cesserais de souffrir. »

Il saisit une des mains d'Anaïs, et en apercevant l'anneau qu'elle avait remis à son doigt, il se rappela tout ce qui s'était passé.» — C'est vous, c'est bien vous, Anaïs, reprit-il avec effusion; voilà l'anneau que vous aviez perdu et que j'ai retrouvé. Maintenant vous serez heureuse, n'est-ce pas, puisque cette sauvegarde vous reste? Moi aussi, je suis heureux. Et il pressait contre ses lèvres la main blanche d'Anaïs. Vous êtes la plus belle des femmes, continua-t-il; vous êtes bonne comme les anges du ciel, et vous m'avez tendrement aimé. Comment se fait-il alors qu'un homme qui aurait donné son sang en échange de votre amour, qu'un homme libre (car il l'était, il vous l'a dit), ne vous ait pas supplié de devenir sa femme, pour que vous fussiez tout entière à lui? Ne vous êtes-vous jamais adressé cette question, et n'en avez-vous pas déduit la conséquence que cet homme ne vous aimait point en réalité? Oh!

c'eût été un blasphème de penser ainsi, Anaïs; car cet homme vous aime plus qu'il ne devrait aimer... »

Il fit une pause, durant laquelle il semblait être en proie aux plus tumultueuses pensées; puis faisant effort sur lui-même : « — Nous sommes seuls, dit-il d'une voix sombre, et personne ne peut nous entendre... » Mademoiselle de Reillanne frissonna, comme si sa destinée eût été sur le point de s'accomplir : » — Que voulez-vous me dire? demanda-t-elle, avec une expression de curiosité mêlée d'effroi. — Mon secret, Anaïs, le secret qui me tue, et que je ne veux pas emporter dans la tombe, afin que mon sommeil de mort ne soit plus troublé par les rêves de ma vie... »

La comtesse s'assit haletante dans un fauteuil, au pied du lit, et cachant à moitié son visage dans ses mains, elle écouta le récit qu'on va lire :

« — Je venais d'atteindre l'époque de ma majorité, et comme vous j'avais perdu mon père et ma mère. Mon imagination était ardente, ma passion pour les arts irrésistible; j'étais seul au monde, j'avais peu d'amis et quelques parents éloignés. Je quittai la France et je m'établis à Rome. Là, je me liai avec une famille napolitaine qui avait accueilli dans son sein une jeune artiste de noble maison, appelée Lucia Baldini. Cette femme avait alors votre âge : je n'essaierai pas de vous décrire l'impression que sa vue produisit sur moi. Jusqu'alors j'avais rêvé d'anges en songeant à la femme que j'aimerais un jour. C'est ainsi que je vous connaissais, avant même de vous avoir entrevue. J'avais compris la femme d'Orient, pauvre oiseau qui bat de l'aile aux barreaux dorés de sa cage, et qui passe sa vie sans amour et sans soleil. Mais ce caractère de beauté italienne, majestueuse et forte, telle que le monde l'avait façonnée, sans l'amoindrir, bouleversait toutes mes idées sur les affections du cœur. Lucia! c'était la statue de Corinne et la statue de Cléopâtre fondues ensemble. C'était un mélange de grace antique et de fierté voluptueuse, un je ne sais quoi dans le regard, dans la pose, et dans le son de voix qui remuait profondément les passions, mais qui étouffait le sentiment. Otez à Corinne sa mélancolie, sa tendresse d'ame et ses inspirations poétiques et religieuses, vous aurez Lucia. Je n'oserais pas affirmer que cette femme m'inspirât véritablement de l'amour. Près d'elle, je sentais ma vue s'obscurcir et tout mon sang affluer au cœur; mais je n'étais pas attendri, et ma pensée ne se détachait pas de la terre. Son ardeur musicale était extrême :

on eût dit une lyre métamorphosée en femme. Sa voix me plongeait dans une énervation effrayante, mais elle n'allait pas jusqu'à mon cœur. C'était un chant voluptueux qui commandait le désir et qui retenait l'ame captive au-dessous des régions célestes. Plus d'une fois en l'écoutant, je vins à penser que Lucia étant napolitaine, le tombeau de la syrène sur lequel est bâtie Parthénope, s'était rouvert pour laisser voir le jour à cette magicienne dont les accents m'enivraient jusqu'au délire. »

— Mes journées étaient brûlantes, mes nuits sans sommeil : je sentis bientôt qu'il me faudrait mourir si cette femme ne devenait point la mienne, un refus eût été mon arrêt de mort. Je m'adressai à sa famille adoptive, et contrairement à mon attente, je fus agréé sans délibération. J'épousai donc Lucia, et par elle je fus heureux, car je croyais avoir tout l'amour qu'elle pouvait donner. Lucia n'était point née poète, et ne pouvait me comprendre; elle s'adonnait régulièrement à de minutieuses pratiques de dévotion, dont elle s'acquittait avec tant de froideur et de sécheresse d'ame, qu'elle m'eût rendu athée s'il m'eût été possible de ne pas croire en Dieu. Anaïs, cette femme maîtrisait mes sens; si elle l'eût ordonné, je me serais brisé le crâne contre les marbres du palais que nous habitions, et jamais l'idée ne me serait venue de prier avec elle. »

— Six mois après ce mariage, il y a quatre ans de cela, je me trouvais un jour dans un quartier de la vieille Rome, étudiant un effet de ruines, un homme s'approcha de moi et me demanda si je n'étais pas le peintre français Joseph Deroches; sur ma réponse affirmative il me dit ceci : — Je m'appelle Jeronimo Martelli, le cocher du marquis de San-Cataldo. Hier, j'ai pris congé de mon maître qui m'a payé mes services, et je retourne en Sicile où je suis né. La démarche que je fais auprès de vous m'est imposée par mon confesseur en expiation de mes péchés. Voici le fait en quelques mots : vous êtes l'époux de la signora Baldini dont vous croyez avoir seul la possession.... eh bien! apprenez que la signora était avant son mariage et est encore la maîtresse du marquis de San-Cataldo... »

— Je m'élançai furieux vers l'homme qui me parlait ainsi, mais lui se prit à hausser les épaules et me tourna le dos en disant : — puisque cela vous met en colère, je ne vous dirai plus rien. Je courus après lui, je m'attachai à ses vêtements, et je le suppliai, les mains jointes, de me dire tout ce qu'il savait : — Vous êtes Francais, et vous vous emportez aisément, reprit-il, tâchez d'être calme, vous me comprendrez mieux. Vous allez ce soir à la villa Medici : — Comment savez-vous cela? repartis-je. —

C'est aujourd'hui mardi, et c'est un jour de réunion pour vos compatriotes. Vous n'y manquerez pas plus aujourd'hui que d'habitude.»

— Il disait vrai. Mes amis et moi nous passions les nuits du mardi au mercredi chez Ingres à parler de la France, à nous communiquer nos correspondances de Paris, à fredonner les refrains d'Auber sur le penchant de Rome endormie.»

— Eh bien! poursuivit Jeronimo, ce soir en votre absence, le nouveau cocher du marquis de San Cataldo viendra jusqu'aux portes de votre palais chercher la signora pour la conduire auprès de son maître, et il la ramènera avant l'heure de votre retour. Cela a été fait ainsi, chaque semaine, à compter de votre mariage, et c'est moi-même qui serais encore chargé de ce soin, si mes fonctions n'avaient cessé depuis hier. — Misérable!.. m'écriai-je d'un air de menace. — Vous êtes injuste, reprit-il froidement, et si l'absolution de mes péchés n'était pas à ce prix, vous n'obtiendriez plus un mot de moi. L'endroit où la signora doit être conduite est une de ces maisons transteverines que l'on trouve sur la rive droite du fleuve, au-dessous du pont Saint-Ange. Cette maison appartient au marquis, et vous la reconnaîtrez, car vous y êtes allé l'an dernier à une fête, avec la signora et ses parents d'adoption... Et maintenant que j'ai tout dit : Adieu. »

— Le départ de cet homme me laissa anéanti et comme frappé de la foudre. Je rentrai dans Rome, la tête perdue, et en franchissant le seuil du palais que j'habitais, je ressentis un tel battement de cœur, que je fus obligé de m'appuyer pendant quelques instants contre la rampe dorée de l'escalier de marbre. Mille pensées terribles se croisaient dans mon cerveau comme des lames de feu. Toute trahison veut une vengeance, et cette vengeance voulait du sang. Je compris néamoins qu'il fallait s'assurer du crime avant d'infliger la punition. Une fois ce plan arrêté, j'abordai Lucia avec un front serein, et malgré ma souffrance, je fus assez maître de moi-même pour prendre le masque d'un homme heureux. Lucia m'adressa de tendres reproches sur les absences que je faisais par intervalle, et elle me gronda en me demandant si je passerais cette nuit encore dans la villa d'Ingrès. Pendant qu'elle parlait, je cherchais à lire sa pensée dans son regard; mais ce regard conservait cette assurance calme et cette puissance d'attraction que je lui connaissais. Lucia était impénétrable. Le soir, au moment de me séparer d'elle, je déposai sur son front un baiser, et je lui dis doucement adieu. Elle me rappela comme je quittais l'appartement pour me rendre cet adieu et ce baiser. — Reviens bientôt, me dit-elle en passant un de ses bras autour de mon cou et en collant ses lèvres aux miennes. »

Je l'avouerai, je fus sur le point de tomber à ses genoux pour me dire coupable, et pour lui demander pardon de l'avoir soupçonnée. Je ne sais quelle vague appréhension me retint encore. Je sortis, et je pris d'abord la direction de la villa Médici; puis je regagnai l'intérieur de Rome, et je revins par des rues détournées dans le quartier que j'avais quitté l'instant d'auparavant. En débouchant sur une place voisine de ma demeure, je me trouvai en face d'une église, au fond de laquelle les sons expirants de l'orgue se mêlaient à la prière du soir. Cette vague et solennelle rumeur, qui semblait venir du ciel, calma l'agitation de mes sens. J'entrai dans l'église, et je me prosternai au pied de celui qui sait la mesure de nos douleurs, et qui,

anathématisant ce vieil adage : la vengeance est divine, a inscrit sur sa bannière cette parole d'oubli : le pardon est divin. Sous l'influence de la prière, de la prière pour tous, je sentis mon cœur mollir, et je demandai à Dieu de pardonner à Lucia comme je lui pardonnais. Puis je vins à penser que Lucia pouvait bien n'être pas coupable, et qu'il serait temps encore de la prévenir et de la sauver. « Tu m'aimes, lui di-
» rais-je, tu m'aimes, Lucia, puisque tu l'as juré
» à la face du ciel; eh bien ! au nom de cet
» amour, il faut me suivre en France, dans une
» retraite ignorée des ennemis de notre repos.
» Je te ferai les honneurs de ma belle patrie
» comme un sujet à sa souveraine, comme un
» croyant à son idole; et tu seras heureuse, Lu-
» cia, car je n'aurai point cessé de t'aimer, et
» je pourrai toujours te bénir. »

— Cette idée traversa mon esprit comme un

éclair traverse l'orage. Je sortis de l'église, et je retournai vers ma demeure hâtant le pas, dans la crainte d'arriver trop tard. Au détour d'une rue voisine, je fus forcé de me ranger contre la niche d'une madone, pour livrer passage à une voiture qui suivait une direction opposée à la mienne. Le ciel était nuageux, la nuit sombre, et les chevaux rapides; mais le cierge qui brûlait aux pieds de la Madone projeta sa lueur jusqu'au fond de la voiture, et m'y fit entrevoir une femme en parure de fête : cette femme était Lucia. Je la reconnus, et une imprécation terrible s'échappa de mes lèvres. La voiture disparut, tandis que ma main serrait convulsivement le manche d'un poignard dont je m'étais muni, dans la prévision de ce qui pouvait arriver. Bientôt je rebroussai chemin, et en quelques minutes j'atteignis le pont Saint-Ange. Là, je m'arrêtai pour reprendre haleine, et mes regards tournés vers la rive droite du fleuve y cherchèrent dans l'ombre la maison du marquis de San Cataldo. Dans la direction que je lui assignais brillait une lumière qui guida mes pas. Après un quart d'heure de marche, une grille en fer s'offrit à ma vue; derrière cette grille s'étendait un vaste jardin, à l'extrémité duquel j'aperçus un édifice, dont le toit en terrasse était illuminé. Je n'eus pas besoin de consulter longtemps mes souvenirs pour m'assurer que j'étais venu une fois dans ce lieu. C'était donc là qu'il fallait m'introduire encore; car il s'y préparait une fête de nuit dont Lucia devait être la reine, et j'avais résolu de changer son réveil d'amour en réveil de sang.

Je m'élançai aux barreaux de la grille, dont les pointes dentelées me déchirèrent les bras; mais je souffrais au cœur, et je ne sentais pas d'autre blessure. Dès que je fus entré dans le jardin, je me glissai à travers des massifs d'orangers et de lauriers roses cherchant les allées les plus sombres et me dirigeant vers l'habitation. Par intervalles, un concert d'instruments, auquel se mêlaient les sons d'une voix argentine, venait frapper mon oreille. Cette voix m'était bien connue; tout à l'heure encore, elle m'enivrait de sa mélodie, et maintenant c'est dans le sein d'un autre homme qu'elle fait naître le désir et l'ardente volupté. En face et à quelques pas de la maison s'élevait une terrasse entourée d'une balustrade en marbre, dont la partie supérieure était de niveau avec le premier étage du bâtiment. C'est là que je parvins en suivant les détours insensibles d'une pente tapissée de gazon. Le ciel était couvert de nuages, à travers lesquels la lune jetait par moments quelques rayons blafards. A l'endroit où je me trouvais, je ne pouvais être aperçu, tandis qu'il m'était facile de voir ce qui se passait dans l'intérieur des appartements. Les chants avaient cessé ; à travers l'interstice que formaient les rideaux demi-tombants d'une croisée, j'entrevoyais dans un salon resplendissant de lumières deux personnes assises sur un divan : l'une d'elles, la tête penchée sur l'épaule de l'autre, semblait la fasciner de ses regards pleins de langueur ; et celle-là était la femme qui portait mon nom... Tout à coup Lucia et le marquis se levèrent, je les vis s'approcher de la fenêtre.

— « La nuit passe vite, disait le marquis, et » huit jours encore sans te voir !.. O pour» quoi n'es-tu pas toujours à moi comme à cette » heure de bonheur ? » — Tandis qu'il parlait, leurs lèvres se rencontrèrent, et la voix du marquis expira dans ce baiser. Je tombai la face contre terre, et je mordis le gazon pour étouffer les blasphèmes que m'arrachait la perfidie de Lucia. Ce que je souffrais alors ne saurait se décrire : c'était quelque chose de tellement au dessus des facultés de l'homme que je tremblais de devenir immortel à force de douleur. Il me semblait qu'une main de fer m'étreignait le cœur à en faire jaillir jusqu'à la dernière goutte de sang. Combien sera terrible votre justice, ô mon Dieu! si par de là ce monde vous réservez de pareils tourments aux coupables!

. . . .

— « Je descendis de la terrasse en rampant, de peur d'être découvert, et je me cachai derrière une statue placée sur le bord de l'allée qui faisait face à l'entrée du jardin, et qui servait d'avenue à l'habitation. Là, je m'étendis sur un banc de marbre, espérant que le froid de la pierre calmerait la fièvre dont j'étais dévoré. Je ne sais combien de temps je restai dans cette situation, la main sur mon poignard et l'oreille attentive au plus léger bruit. Vers le milieu de la nuit, une voiture passa dans l'avenue ; je me soulevai à demi, prêt à m'élancer dans l'allée ; mais je m'aperçus que la voiture était vide. L'instant d'après, j'entendis ouvrir une des portes de la maison, puis deux voix se confondre, et deux adieux s'échanger. C'était l'heure... Je me dressai sur mon séant, et je vis Lucia qui s'avançait pour aller joindre la voiture à l'extrémité de l'avenue. Pourquoi le marquis ne l'accompagnait-il pas? Était-ce un caprice du hasard ou une faveur de la Providence qui l'arrachait à la mort? La démarche de Lucia était gracieuse et légère ; je ne distinguais pas son visage ; mais je pensais qu'il devait être animé par le plaisir, et que sous sa blanche parure son sein devait palpiter encore. Lorsque nous fûmes en face l'un de l'autre, je franchis d'un bond la distance qui me séparait d'elle, et comme elle reculait en frissonnant, je la frappai de mon poignard. Elle tomba sans exhaler une plainte. La lame avait traversé le cœur. Je me penchai vers elle, et je soulevai sa tête pour qu'elle me vît et qu'elle me reconnût. « Regarde-moi, lui disais-je, c'est Joseph, c'est » ton époux qui t'a frappé ! » Lucia emporta-t-elle dans la tombe cette épouvantable révélation ? Dieu seul le sait. Sa paupière, qu'agitait un tremblement convulsif, s'affaissa bientôt sur l'œil sans regard, et sa tête, que mon bras cessait de soutenir, retomba lourdement. Je m'enfonçai au hasard dans les détours du jardin, dont je parvins à franchir les murs ; une sueur froide mouillait mon front, et par instant mes genoux se dérobaient sous moi. C'est ainsi que je me traînai jusqu'à ma demeure.

« Au lever du soleil, des pêcheurs m'apportèrent un cadavre qu'ils avaient retiré du Tibre, et qu'on disait être celui de la signora Baldini : je n'eus pas besoin d'écarter le voile qu'on avait jeté sur son visage, pour reconnaître

Lucia. Il me suffisait de voir sa robe tachée de sang, et la blessure que mon poignard lui avait faite au sein. Sans doute, qu'ennuyé d'une longue attente, le cocher du marquis avait rebroussé chemin, et que trouvant Lucia étendue au milieu de l'allée, il avait donné l'éveil à son maître. Celui-ci avait dû songer, avant tout, à sa sûreté, et il avait fait jeter le cadavre dans le fleuve. Ce mystérieux évènement occupa les esprits pendant quelques jours. On fit à ce sujet bien des commentaires, et l'on hasarda bien des suppositions. Mais personne ne devina la vérité, ni ne soupçonna le coupable. Je fus tenté d'abord de tout dévoiler, car je me sentais assez de courage pour affronter l'infamie et le supplice : mais il fallait poursuivre Lucia sur le seuil d'une autre vie; il fallait ternir sa mémoire, et me constituer son accusateur après avoir été son bourreau. Cette tâche excédait mes forces : je faiblis, et je restai muet. Seul, en face de moi-même et de ma conscience, je fus assailli par les terreurs du condamné, sans éprouver les remords du coupable. Mon intelligence se troubla, et mes facultés s'affaiblirent. La secousse avait été trop profonde, et le volcan avait vomi en un seul jour toute sa lave; aussi le dépérissement physique suivit-il pas à pas les progrès de la maladie morale. Je voyais approcher le terme d'une vie que je commençais à peine, et j'étais incertain si je devais prier ou maudire. Toutes mes passions expiraient une à une; je n'avais même plus assez de force pour haïr l'homme qui m'avait perdu en perdant Lucia.

« Ce fut sur ces entrefaites, que le comte de Reillanne vint à Rome, et qu'un hasard heureux nous attacha l'un à l'autre. Cet événement me fit revivre, en me réconciliant avec moi-même. Il me sembla que tout était expié, puisque je rendais à Dieu sang pour sang. Albert m'aima par reconnaissance ; moi je l'aimai pour son beau caractère et pour la sérénité de son ame. Il voulut être de moitié dans ma vie, et il me fit venir en France. Anaïs, vous savez le reste. En vous voyant, j'oubliai d'abord tout ce que j'avais souffert. Vous réalisiez à mes yeux le rêve de mon adolescence ; vous étiez l'envoyé du ciel dont les pas me traçaient un sentier lumineux à travers les écueils de ce monde. Hélas! votre tâche était bien rude, pauvre enfant....! plus d'une fois, j'ai rougi de mon sang la poussière des chemins que nous parcourions ensemble, et plus d'une fois, à l'abri de vos aîles, j'ai frisonné sous d'implacables douleurs. Tous ceux qui ne connaissent point mon secret ont pu dire que j'étais un insensé ou un lâche, puisque je savais perdre une femme à la face du monde, et que je ne savais pas la relever lorsqu'elle était à mes genoux, n'attendant qu'un mot de moi pour accepter le bonheur avec le titre d'épouse. Anaïs! soyez mon juge, vous qui savez tout maintenant. Ce n'est point l'amour d'une autre femme qui s'est élevé entre vous et moi : c'est le souvenir d'une infâme trahison, et du châtiment qu'elle a provoqué. Aux rêves de bonheur que je formais près de vous pendant le jour, la nuit faisait succéder, loin de vous, de lugubres apparitions. Tantôt je vous voyais, le front ceint de la couronne nuptiale, me regardant avec tendresse et me donnant le nom d'époux, tantôt vous étiez gisante à mes pieds, l'œil éteint, la face livide, et le cœur percé d'un poignard. »

Il y avait des sanglots dans sa voix. Joseph fit une pause, puis il ajouta. — « J'aurais pu devenir votre époux, en gardant mon secret. Maintenant il est trop tard. Peut-être avez-vous cessé de m'aimer ? »

— « Oh! ne l'écoutez pas, mon Dieu! mon Dieu! s'écria la comtesse avec l'accent du désespoir. « Au même instant elle tira de son doigt l'anneau de sa mère, et le passa au doigt de Joseph.

— « C'est l'anneau du mariage. Merci, Anaïs, reprit-il avec une joie sombre; vous m'aimez donc bien, pauvre enfant, puisque vous ne craigniez pas de devenir la femme d'un meurtrier? »

Anaïs ne répondit point. Elle était à genoux, les mains jointes et le regard tourné vers le ciel, dans l'attitude des suppliants.

— « Si vous priez pour les morts, murmura-t-il en jetant sur elle un regard de profonde tristesse, priez aussi pour ceux qui doivent mourir. »

Joseph retomba sans force sur son lit de douleur, et un funèbre silence régna dans l'appartement. La lampe dont il était éclairé ne jetait plus que des clartés douteuses. Par moments elle semblait s'éteindre, et, l'instant d'après, elle inondait de ses reflets blanchâtres les rideaux entr'ouverts du lit, et la jeune fille qui priait à genoux, muette et pâle comme une ombre au bord d'un cercueil. Rien n'eût troublé ce lugubre silence, rien n'eût dérangé cette immobilité fantastique, si, dans son délire de fièvre, Joseph n'eût, par intervalles, laissé échapper des mots sans suite et de sourds gémissements. Alors vous eussiez vu la pauvre fille interrompre sa prière, et tressaillir comme ces fleurs automnales que le souffle du nord fait trembler sur leur tige. Ce que le calice de ces fleurs peut contenir de gouttes amères, et ce que le cœur d'Anaïs renfermait de douleur, en cet instant, vous seul le savez, ô mon Dieu!

car vous seul avez donné à la fleur son calice, et à la jeune fille son amour.

Au point du jour, le docteur entra dans la chambre du malade. — « Vous ici, Anaïs! » dit-il d'un air de surprise. Il alla droit à elle, et il la vit si pâle qu'il en eut pitié. — « Qu'avez-vous? » demanda-t-il en la regardant fixement, et en prenant une de ses mains qu'elle lui abandonna. Comme Anaïs ne répondait point, le docteur laissa retomber cette main, et la prenant sous le bras: — « Venez, venez, dit-il, pauvre enfant! Vous êtes bien malade... Mais je ne vous quitterai pas. » Tandis qu'il disait ces mots, les yeux d'Anaïs se fermèrent, et elle défaillit entre les bras du docteur. Celui-ci l'enleva doucement, et, après l'avoir fait mettre au lit, il écrivit au comte de Reillanne, pour l'avertir de ce qui se passait au château, et pour l'engager à hâter son retour.

Un mois après cette fatale nuit, vers la fin d'une sombre journée d'automne, un cortége composé de personnes appartenant à la classe inférieure du peuple, sortit de la petite église de S... Comme au printemps de l'année précédente, ce cortége suivait une croix et un prêtre aux cheveux blancs; mais la croix était voilée d'un crêpe, et le prêtre avait revêtu ses ornements de deuil. Comme au temps dont nous parlons, le prêtre et ses assistants récitaient des prières; mais la foule avait fait succéder aux prières des gémissements et des sanglots. Comme la première fois, le cortége se dirigeait vers le manoir des seigneurs de Reillanne, mais cette fois il venait y chercher un cercueil. Ce cercueil qui l'attendait sur le perron du château était entouré de huit jeunes filles vêtues de blanc, et orné, ainsi qu'un berceau, des dernières fleurs de la saison. Au fond du cercueil qu'on avait laissé découvert, était étendue une autre jeune jeune fille aussi vêtue de blanc, et qui s'était endormie pour toujours. Une couronne de roses pâles ceignait son front plus pâle que les roses. Ses mains étaient jointes, sa paupière fermée; on eût dit qu'elle respirait encore, tant ses traits, malgré leur dépérissement, avaient conservé de grace dans la mort. Un œil assez froid pour les envisager, sans se voiler de pleurs, eût découvert en eux la trace fugitive d'un rayon d'espérance, et l'expression affaiblie d'une dernière pensée de résignation et d'amour. On voyait que l'ange avait déployé ses ailes, avant de quitter le sol.

Derrière le cercueil, en tête des gens du château, se tenaient debout deux hommes profondément, quoique diversement affligés. Le plus âgé affectait un air froid et calme que démentait le frémissement de ses sourcils, et les plis qui sillonnaient son front découvert. L'autre, la tête penchée, versait des larmes silencieuses. Malgré sa douleur, ses traits étaient remarquablement beaux. On eût dit un de ces génies funèbres que les religions antiques plaçaient autour des mausolées. L'un était le médecin Remy, et l'autre le comte Albert de Reillanne. On devine le nom de la jeune fille qui reposait dans le cercueil.

Au moment où le cortége s'ébranlait pour retourner vers l'église, un jeune homme, le seul être vivant que renfermât le château, entra dans l'appartement de la morte. Le désordre de sa mise et de ses vêtements, la pâleur have de son front, et la fixité maladive de son regard, accusaient une peine morale dont les résultats semblaient être la démence. Ce jeune homme alla droit au lit funéraire devant lequel il s'agenouilla, non point pour prier, ni pour gémir, mais pour coller ses lèvres avides au chevet qui, tout à l'heure encore, supportait une tête chérie; bientôt il se leva et fit le tour de l'appartement, l'œil aux aguets, comme un avare qui cherche à découvrir un trésor. A quelques pas du lit il aperçut un tableau qui représentait une jeune fille mourante; à cette vue, mille souvenirs palpitants vinrent assaillir sa pensée; il s'approcha du tableau, le considéra quelque temps en silence, puis il se laissa aller dans un fauteuil en murmurant avec désespoir: — « Elle dormait alors! »

Les tintements prolongés de la cloche funèbre lui annoncèrent que la cérémonie touchait à sa fin. C'était l'heure du dernier adieu, l'heure suprême où le cercueil descendait dans la fosse. Toutes les douleurs de l'infortuné s'exhalèrent en cet instant; ses membres se raidirent, et un gémissement lugubre s'échappa de sa poitrine, puis il retomba dans cette tranquillité morne qui n'est pas une négation de la douleur, mais la preuve de son excès. Ce fut dans cet état qu'Albert de Reillanne le trouva en rentrant au château; les deux amis se jetèrent dans les bras l'un de l'autre; mais un seul versa des larmes...

Le lendemain Joseph parla de retourner à Rome. M. de Reillanne voulut d'abord l'en dissuader, mais sur l'observation du docteur, que le jeune peintre était en danger de perdre la raison et peut-être la vie, s'il restait plus longtemps à S..., Albert n'osa pas insister. A quelques jours de là Joseph Deroches voguait vers l'Italie.

Le reste de l'automne et la plus grande partie de l'hiver se passèrent sans que l'artiste eût donné signe de vie. Vers le milieu du mois de mars 1839, un jour que le docteur Rémy se trouvait à S..., le comte reçut une lettre venant d'Italie, et signée Joseph Deroches. Voici quel en était le contenu :

« Vous ne m'en voudrez pas, mon ami, d'être
» resté mort pour vous si longtemps. Tandis que
» mon cœur franchissait la distance qui nous
» sépare, ma main eût faibli sous le poids d'une
» plume. Albert, plaignez-moi... J'avais espéré
» mourir ; je me suis trouvé si mal en arrivant
» à Rome, que les médecins m'ont abandonné.
» Mais le ciel est intervenu qui m'a condamné à
» vivre. Au sortir de ce délire de fièvre, j'ai re-
» gardé tout autour de moi, et, me trouvant
» seul, j'ai eu des heures de désespoir. Mon
» passé m'est apparu avec ses mille amertumes
» secrètes, et je n'ai vu dans l'avenir que néant
» ou désolation. Je l'avouerai, sans votre sou-
» venir j'aurais protesté contre l'arrêt du ciel,
» qui me retenait ici bas. Mais j'ai pensé à vous,
» mon ami, à vous, dont l'existence est paisi-

» ble parce qu'elle est irréprochable; à vous, » qui, faisant taire votre admiration pour Léo- » pold Robert, l'appeliez lâche, lorsqu'il se » donna la mort. Je vous le dis, Albert, c'est » la crainte de perdre votre estime qui m'a » sauvé de moi-même. Mais Joseph le ressus- » cité ne doit plus exister pour les hommes, je » ne recommencerai point ma vie, ni ne repas- » serai point dans les sentiers que j'ai une fois parcourus. Je resterai debout, en face des li- » mites éternelles, élevant mon esprit vers Dieu, » par l'exercice des facultés qu'il m'a départies, » jusqu'à ce qu'il lui plaise de mettre un terme » à mon exil.

» Vous souvient-il que l'an dernier le cardinal » Della-Torre avait jeté les yeux sur moi, pour » lui peindre des fresques? Dernièrement, mon- » signor Della-Torre m'a renouvelé sa proposi- » tion. Cette fois, j'ai accepté de prime abord ,

» et l'on m'a installé dans une maison solitaire » mais délicieuse, nouvellement construite sur » une colline, aux portes de Rome. La mélan» colie du site est véritablement élyséenne. Au » milieu de vastes jardins en terrasse, et en face » de sculptures modernes, gîsent les restes d'un » monument antique que la mousse couvre à » moitié, et qu'entoure une ceinture de pâles » arbustes. L'édifice reçoit les derniers rayons » du soleil couchant, et les premières lueurs du » matin. Aux pieds de la colline, Rome étale, » ainsi qu'une reine mendiante, la désolation » de son entourage et les déchirures de ses vê» tements. En vain je cherche en elle une place » que le temps ait épargnée. Des ruines, par» tout des ruines... Hélas! et ne suis-je pas » moi-même une ruine vivante? Mes cheveux » ont blanchi, ma taille s'est courbée, et mon » cœur bat à peine. Quand cessera-t-il de battre » à jamais?

» Je me suis fait ici une thébaïde dont je ne » sortirai pas vivant ; car le reste de mes jours, » quelle qu'en soit la durée, ne suffira pas à la » terminaison des travaux que j'ai entrepris. » Certains d'entre mes amis de Rome (et pas » un seul ne me connaît), me voyant renoncer » à la vie commune et indépendante, comme ils » l'appellent, ont dit de moi que j'étais un cer- » veau malade; aux yeux de certains autres, j'ai » passé tout simplement pour un original. Le » plus petit nombre m'a regardé comme un am- » bitieux. Ces rumeurs du monde artiste m'ont » amené quelques visiteurs que j'ai accueilis le » plus naturellement et le plus sensément qu'il » m'a été possible de le faire. L'un d'eux, bonne » ame au fond, s'est mis en frais d'éloquence » pour me détourner de mon projet. Il se » nomme de Bressac, et il est venu, je crois, » tout exprès à Rome, pour y parler de Paris. » Ce nouveau comte Derfeuil m'a grondé, outre

» mesure, de vouloir mourir si jeune. Il m'a
» parlé de ma fortune, d'opéras, de fêtes, et des
» modes parisiennes : toutes choses qu'il croyait
» pouvoir m'intéresser beaucoup. Il m'a offert en
» dernier lieu des statuettes de Dantan et des ca-
» ricatures de Traviès ; je l'ai remercié en refu-
» sant. Alors il m'a serré la main, et j'ai compris
» que je lui faisais pitié. Celui-là doit me clas-
» ser parmi les cerveaux malades.

» Tous nos Français ne sont pas les mêmes :
» j'ai vu, il y a deux jours, un pauvre jeune ar-
» tiste que j'avais connu pendant mon premier
» séjour à Rome. Depuis six mois, il avait fait
» venir de France sa sœur unique dont la santé,
» profondément altérée, avait besoin d'un cli-
» mat plus doux ; cette enfant, qu'il nourris-
» sait du prix de son travail, est morte de lan-
» gueur entre ses bras. Elle avait vingt ans ; elle
» était gracieuse et belle... ; hélas ! hélas ! d'au-

» tres aussi sont retournée au ciel, qui étaient » jeunes et belles, et gracieuses... Cet infor» tuné m'a fait saigner le cœur, et tandis que je » cherchais à le consoler, il aurait pu me dire, » avec le poète d'Albion: —Mais, vous-même, qui » me recommandez l'oubli, votre visage est pâle » et vos yeux humides!...

» Albert, j'avais résolu de ne point vous par» ler d'*elle*, et à l'heure même où je vous écris, » j'ai devant les yeux cette image adorée; et je » sens une main qui se pose frémissante sur ma » paupière mouillée de pleurs; et j'entends une » douce voix qui murmure à mon oreille: — » Viens, ami, je t'attends! Il est des instants » où j'envie votre bonheur, ô Albert, car vous « pouvez, lorsque votre ame est triste, vous » agenouiller sur la terre qui recouvre votre » pauvre sœur, et vous avez l'espoir de reposer » un jour auprès d'elle.

» Un bon souvenir de moi au docteur Remy ; » dites lui bien que je ne l'oublie point, et que » ma reconnaissance lui est pour toujours ac- » quise; dites lui, de plus, que la noblesse de » son caractère et la constance de son dévoue- » ment le rendent digne de croire aux vérités » éternelles. Qu'il sache que le sentiment mène » à Dieu, tandis que le raisonnement mène à » l'athéisme, et l'athéisme, d'autres l'ont dit » avant moi, est un triste bâton de vieillesse.»

» Quant à vous, Albert, vous qui, sans con- » naître toute ma vie, avez compris toute mon » ame, redites, en pensant à moi, redites ces » strophes de notre grand poète.»

Levons les yeux vers la colline
Où luit l'étoile du matin.
Saluons la splendeur divine
Qui se lève dans le lointain.

Cette clarté pure et féconde
Aux yeux de l'ame éclaire un monde
Où la foi monte sans effort :
D'un saint espoir ton cœur palpite.
Ami, pour y voler plus vite,
Prenons les ailes de la mort.

» Espérons, Albert, espérons, car l'espérance » ne serait-elle qu'un sophisme vaudrait mieux » encore que bien des réalités. »

» Votre ami, JOSEPH DEROCHES. »

Le comte fit part de cette lettre à M. Rémy qui la parcourut rapidement, sans que ses traits exprimassent aucun sentiment, ni de sympathie, ni de blâme. Puis, en rendant le papier à Albert, il lui dit :

— « Je ne veux point faire la critique de M. Deroches, puisque M. Deroches n'est point ici. Toutefois, en lui concédant les plus brillantes et les plus estimables qualités, qu'il me soit permis de dire que notre siècle n'est point assez byronien pour que votre ami puisse y réussir même littérairement parlant. Si M. Deroches est malheureux, il sera malheureux pour lui seul, et personne n'aura compassion de lui, parce que personne ne le comprendra. Dans une époque d'argent et de rail-ways comme la nôtre, un jeune homme qui s'étudie à rêver des chimères et à creuser les abîmes d'outre-monde, comme ils le disent, s'expose à réaliser la contre-partie morale du martyre de Saint-Laurent, abstraction faite de la canonisation et des miracles. J'insisterais, si M. Deroches pouvait m'entendre. »

Cela dit, le docteur reprit un journal qu'il venait de quitter, et il poursuivit froidement la lecture d'un rapport de M. Arago à l'Académie des Sciences.

FIN.

www.ingramcontent.com/pod-product-compliance
Lightning Source LLC
LaVergne TN
LVHW020533230826
846091LV00002B/264

* 9 7 8 2 0 1 9 6 6 5 5 9 3 *